本书是国家社科基金项目"马克思主义信仰的认知规律和机制研究"的研究成果，受到国家社科基金资助、东北财经大学优秀学术专著出版资助和东北财经大学马克思主义学院"辽宁省高校示范马克思主义学院"建设经费资助。

今日马克思主义研究丛书

马克思主义信仰的认知规律和机制研究

李淑英————著

天津出版传媒集团

天津人民出版社

图书在版编目（ＣＩＰ）数据

马克思主义信仰的认知规律和机制研究 / 李淑英著
. -- 天津 : 天津人民出版社, 2023.3
（今日马克思主义研究丛书）
ISBN 978-7-201-19245-1

Ⅰ.①马… Ⅱ.①李… Ⅲ.①马克思主义—信仰—研
究—中国 Ⅳ.①A81②D61
中国国家版本馆 CIP 数据核字(2023)第 056284 号

马克思主义信仰的认知规律和机制研究
MAKESIZHUYI XINYANG DE RENZHI GUILÜ HE JIZHI YANJIU

出　　版	天津人民出版社
出 版 人	刘　庆
地　　址	天津市和平区西康路35号康岳大厦
邮政编码	300051
邮购电话	(022)23332469
电子信箱	reader@tjrmcbs.com
责任编辑	郑　玥
封面设计	明轩文化·李晶晶
印　　刷	天津新华印务有限公司
经　　销	新华书店
开　　本	710毫米×1000毫米　1/16
印　　张	12.75
插　　页	2
字　　数	200千字
版次印次	2023年3月第1版　2023年3月第1次印刷
定　　价	58.00元

目　录

第一章　新时代马克思主义信仰的基础问题

中国共产党是一个有信仰的政党，这个信仰，从成立之初就已经确立了，即马克思主义信仰。也就是说，中国共产党一开始就把信仰马克思主义作为党员的根本标准，把实现共产主义作为革命奋斗的最终目标和最高理想。马克思主义信仰是信仰形态的马克思主义，马克思主义理论是知识形态的马克思主义，二者具有内在一致性，从个体认知角度出发，学懂弄通并相信马克思主义理论是树立坚定马克思主义信仰的前提。

一、关于马克思主义信仰的基础问题

马克思主义理论的基础问题研究是理解和分析马克思主义信仰的前提。知识形态的马克思主义是信仰形态的马克思主义的信仰内容、信仰对象和信仰客体，对马克思主义理论有怎样的认知和理解直接决定了能否养成马克思主义信仰。

(一)树立信仰和养成信仰

信仰的确定，尤其是科学信仰的确定并不是一蹴而就的，而是需要有一个由知而信进而行的养成过程。所以在一些学者看来，树立马克思主义信仰的过程也被称为马克思主义信仰的养成过程。之所以用"养成"这一概念,一方面表明信仰的确立需要有一个逐步形成的过程,而且这个逐步形成的过程是累积式的成长过程。另一方面,更主要的是"养成"这一概念凸显了信仰主体在确定信仰过程中的能动性。历史和现实已经表明,同样都具有马克思主义信仰的人,也会有信仰程度的不同,有的信仰者是坚定的马克思主义信仰者,而有的则是不坚定的;同样的,即使是同一个马克思主义信仰者,在不同时期、不同语境、不同群体里面也会发生信仰的变化。

知识形态的马克思主义作为马克思主义信仰的核心内容,自身也在不断变化发展。这种变化发展一方面源自理论自身的发展性和开放性,另一方面也源自认知主体对马克思主义的认知和运用,以及在认识运用基础上不断的理论创新。认知主体不同,历史时代条件不同,形成的关于马克思主义的认知和理解也就不同。中国共产党作为马克思主义政党,从一开始就坚定地明确自己的指导思想和行动指南,但同时也明确表明这个指导思想和行动指南并不是机械的教条和抽象的理论,而是随着革命建设实践的不断深入,必然会在现实中不断实现时代化和现实化。马克思主义理论是具有发展性和开放性的理论体系,必然随着实践和现实的变迁而不断发展。党的百年革命和实践过程是在马克思主义指导下进行的,这是坚持科学理论能够引领实践取得成功的具体体现,与此同时,实践也会深化科学理论的真理性,这是坚持理论和实践创新互动的具体体现。在二者良性互动的进程中,马克思主义实现了科学知识、行动指南和指导思想的有机统一,也实现了与现实、与具体、与时代、与历史的真正结合,实现了理论自身的不断完善和发展。完善和发展了的科学理论反过来又进一步引导马克思主义政党的革命奋斗实践。马克思主义理论和马克思主义政党不仅仅是指导理论和实践主体的关系,更是互为根基、相互依赖的理论与现实的关系,而马克思主义信仰则是二者能否实现相互促进、共同进步发展的关键所在。

作为信仰内容和信仰客体的马克思主义理论的实践性和发展性，以及信仰主体对马克思主义的认知和理解的不断深化，决定了树立坚定的马克思主义信仰是一个过程性的存在。这个过程是一个循序渐进累积式的过程，由此，逐步树立信仰的过程，从个体信仰主体的角度讲，就可以概括为自我逐步"养成"信仰的过程。

（二）马克思主义的基础问题

在思考如何树立坚定的马克思主义信仰的过程中，始终存在一个问题，这个问题就是，到底什么是马克思主义。当然，这里的困惑并不是对现在普遍认可的马克思主义的定义存有质疑，而是"马克思主义"作为指导思想、行动引领，以及信仰客体和信仰内容的概念内涵和外延并不清晰。从马克思和恩格斯创立马克思主义以来，世界各国围绕着马克思主义形成了数不胜数的研究成果，这一方面证实了习近平总书记在纪念马克思诞辰 200 周年大会上的讲话里所说的那句话，"在人类思想史上，没有一种思想理论像马克思主义那样对人类产生了如此广泛而深刻的影响"。这是历史和实践证明了的，无论是思想领域、学术领域还是人类社会发展进程、人类社会实践方面，马克思主义的影响是显而易见的，即使是对马克思主义理论持批判态度的学者和政治家，也都无法完全摆脱马克思主义的影响。中国人民和中华民族的命运因马克思主义而发生改变，把马克思主义作为道路和旗帜的社会主义国家在思想和社会领域更加依赖马克思主义。

从一定意义上讲，马克思主义和中国共产党党史、新中国史和改革开放史是密切联系在一起的，马克思主义和中国共产党的关系、马克思主义和中国人民的关系、马克思主义和中华民族的关系，都是密不可分的，他们的主体都是中国共产党领导的中国人民，而中国共产党的命运、中国人民的命运，以及中华民族的命运都与马克思主义直接相关。在我国，马克思主义并不仅仅是知识形态、理论形态的存在,马克思主义之于中国,不仅仅是学术领域的事情,而是全体中国人民的事情。真正代表一个国家、一个社会的文化、道德、精神等素养水平一直都不是,也不可能仅仅是知识分子阶层的理论研究水平,而是最广大的人民群众的理论思维水平。同样的,代表一个国家、一个社会对马克思主义的理解、对中国特色社会主义思想的理解的水平也不是学者们的研究水平。

"马克思主义理论不是教条而是行动指南,必须随着实践发展而发展,必须中国化才能落地生根、本土化才能深入人心。"①而要真正实现马克思主义的中国化、本土化,一方面是广大马克思主义理论研究者的责任,另一方面更是广大人民群众在具体实践中所实现的。当前,无论是国内马克思主义研究者还是西方关于马克思主义的研究,似乎都避开了如何判断自己是一个马克思主义者这个问题,但事实上,这是一个非常关键的问题。如果不知道什么是马克思主义,怎样才算是马克思主义者,那么就根本不可能成为马克思主义信仰的信仰者和践行者。因此,关于马克思主义信仰养成过程的思考,首要的是解决一些基础性问题。例如,如何理解马克思主义?怎样才算是真正的马克思主义者?如何让普通民众理解和掌握马克思主义?如何获得关于马克思主义的真知?怎样才算是树立了坚定的马克思主义信仰?等等关于马克思主义理论和马克思主义信仰的一些基础性问题,尤其是被看作等同于马克思主义的一些相关概念、论断等与马克思主义自身的关系问题,包括围绕"马克思主义"这一概念而展开的一些基本的概念范畴,以及基于马克思主义立场而形成的一些相关领域的研究主题,例如,马克思主义与共产主义、社会主义、历史唯物主义的关系;马克思主义与工人运动、无产阶级、无产阶级政党等的关系;关于马克思主义的教学和研究、学说和学养、大众化

---

① 《中共中央关于党的百年奋斗重大成就和历史经验的决议》,人民出版社,2021年,第66页。

和本土化等问题,就成为如何认知和理解马克思主义信仰的前提性问题。通过对概念及其基本内涵、范畴体系的整体性和相关性的梳理就可以形成关于"马克思主义"的较为清晰且相对大众化,但又不机械的理解和阐释,从而获得马克思主义真知。

在很多学者和理论研究者那里,马克思主义立场已经成为一种潜在的、隐性的存在,一旦把这个问题提出来,成为一种显性的具体问题,很多学者确实都无法直接给出答案。例如,马克思主义和共产主义的关系问题。按照当前我国马克思主义理论研究和建设工程重点教材《马克思主义基本原理》(2021年版)的理解,共产主义是思想理论体系、社会制度和实践运动的统一体,作为思想体系同马克思主义和科学社会主义具有共同的所指。从这个角度来讲,马克思主义理论就是共产主义理论,马克思主义就是共产主义,这也是西方很多学者所持有的观点,例如英国著名的马克思主义者戴维·麦克莱伦在他的《马克思主义与宗教》一书中关于马克思主义和宗教的关系,尤其是关于马克思思想和基督教在思想和渊源的相关性方面的讨论,就是把马克思主义等同于共产主义。而马克思主义和共产主义的关系却是不能完全等同起来的。毋庸置疑,实现共产主义是马克思主义的最终目标,但是马克思主义却包含着比这一最终目标更深层次的,关于世界的理解和思考。或者说,马克思主义和共产主义二者之间的内涵和外延都不同,如果把马克思主义等同于共产主义,就相当于缩小了马克思主义的内涵和外延。

再如,马克思主义理论和马克思和恩格斯思想的关系问题。这个问题在很多学者甚至是一般民众的视域下,根本就不是问题,因为似乎二者的关系是很清晰的,即马克思和恩格斯是马克思主义的创立者,他们的思想必然是马克思主义的构成部分,但同时又不能完全等同于马克思主义,因为马克思主义是发展的思想体系。这个回答也是中肯的,但如果结合现实认真思考和梳理关于二者关系的问题,却发现很多人,甚至是很多学者也不能很好地理顺二者的关系。西方马克思主义研究者的许多研究成果虽然被称之为马克思主义,但大都是马克思思想,或者说是马克思和恩格斯的思想。这里涉及的问题,就是关于"马克思主义"这个概念在我国的运用和西方学术范畴体系中的运用的区别。在西方学术话语范畴体系中,马克思主义就是由马克思这个人的思想而形成的一系列观点和理论,正如我们在讨论康德主义、黑格尔主义等概念的时候一样。但在我国的话语体系中,马克思主义不仅仅是学术研究的对象,更主要的,它是我们的行动指南和道路引领,作为根本指导思想的马克思主义不仅仅是马克思和恩格斯的思想。从这一点上,我们在学习马克思主义的时候就不能把马克思主义等同于马克思和恩格斯的思想,这也是我们在学习和吸收西方马克思主义研究成果时必须清楚的一点。但是另一方面,虽然不能把二者等同,但也不能完全抛开马克思和恩格斯的思想来认识和理解马克思主义。

马克思主义自从创立开始已经跨越了 3 个世纪,19 世纪的整个世界格局中资本主义占主导地位,人们所面临的时代课题就是资本主义向何处去,人类向何处去。马克思和恩格斯创立新世界观、新理论所要解决的时代课题是用科学社会主义取代资本主义,目的是指导无产阶级进行革命推翻资本主义剥削统治,建立无产阶级专政的国家,进而实现无产阶级的解放,短暂的巴黎公社可以算作是马克思和恩格斯思想由理论向现实转化的一次伟大尝试。20 世纪的世界,国际共产主义运动持续推进马克思和恩格斯思想为主体的马克思主义理论的现实化,苏联社会主义国家的建立深刻影响了人类文明发展进程,实现了科学社会主义由理论向现实的转化,资本主义和社会主义在制度层面实现了并存,马克思主义的时代课题就由"如何取代资本主义"转变为"如何在资本主义占主体地位的世界体系中实现社会主义社会的生存和发展",列宁结合俄国社会发展具体现实继承发展了马克思恩格斯的思想,把马克思主义带入 20 世纪的世界话语体系中。21 世纪国际共产主义运动的现实主体是以中国特色社会主义为代表的现存社会主义制度的国家的建设和发展，马克思主义的时代课题转变为"如何在资本主义和社会主义并存的情况下处理好二者的合作、交流和矛盾冲突等"。人类历史向前发展，时代变迁，具有与时俱进理论品格的马克思主义必然随着历史和时代不断发展，马克思主义的时代课题不断发生转变，马克思主义者对马克思主义的自我认知和理解也在不断变化。马克思和恩格斯的思想、列宁的思想也随着实践的变化而与现实结合，实现本土化和中国化，并在发展进程中不断实现理论创新上的新飞跃。

习近平新时代中国特色社会主义思想就是以 21 世纪的世界为阐释对象的马克思主义，是中国的当代马克思主义，更是世界的 21 世纪马克思主义，是马克思主义在中国化进程中的最新飞跃，是结合现实、结合时代课题、结合本国文化传统实现了理论创新的马克思主义。"21 世纪马克思主义是对 19 世纪马克思和恩格斯创立的马克思主义基本原理、20 世纪列宁主义和毛泽东思想的理论的延续和发展，具有时间上的连续性；同时，要注意空间上的并存性，19 世纪、20 世纪发展马克思主义的问题，当下仍然存在，在合作交流矛盾冲突并存的过程中，不能偏离社会主义必然取代资本主义这一方向。"①从马克思主义理论主题的转变可以看到，一方面时代变化，要解决的问题已经发生变化，但是问题的框架和视域没有变，仍然是马克思和恩格斯创立马克思主义时期的世界框架和语境，即资本主义在世界体系中居于主导地位，只是在这个过程中，社会主义逐步发展壮大，形成了与资本主义相抗衡的并存势力的存在，而问题仍然是如何解决资本主义带给世界的诸多人类问题。换言之，当前的人类社会仍然处于马克思恩格斯所批判的社会框架下，因此马克思和恩格斯的思想自身的科学性和真理性仍然有效。不仅如

---

① 顾海良：《21 世纪马克思主义的主题是处理资本主义和社会主义并存中的合作交流与矛盾冲突》，2020 年 8 月 30 日，第一期"当代中国马克思主义与 21 世纪马克思主义的学理性探究"。

此,马克思和恩格斯创立的马克思主义,其价值和意义不仅在于其思想内容是人们的思想引领和行动指南,马克思和恩格斯反思世界的思维方法,以及思想中提供给我们认识世界和改造世界的方法都是我们继承和发展马克思主义的基础内核。

关于马克思主义的基础问题还有很多,除了现在关注比较多的,或者说西方学者普遍认可的把马克思主义等同于共产主义,把马克思主义等同于马克思的思想,或者是马克思和恩格斯的思想以外,还有很多值得我们思考的问题。虽然说从经验层面上讲,马克思主义对于中国广大人民并不陌生,对于中国共产党人而言也是根本指导思想,但事实上,在反思层面上,或者说哲学层面上,马克思主义并不是一个内涵明确、界限清晰、具有确定所指的概念或理论。例如,马克思主义和无产阶级政党的关系、作为学术研究对象的马克思主义和作为党的指导思想和行动指南的马克思主义之间的关系等。总之,理顺关于马克思主义与其所包含的一些基本概念范畴的关系是我们获得马克思主义真知的基础,而真知是信仰的前提,所以马克思主义真知是马克思主义信仰的前提。由此,应该以"什么是马克思主义"这一问题作为思考的出发点。而要理解"什么是马克思主义"这个问题,就必须从马克思主义者们对自己所创立、继承、发展和遵循的理论的认知出发。

二、马克思主义信仰的时代特征

不同的历史时期,中国共产党人对马克思主义的认识不同,由此,马克思主义在党领导国家和人民进行革命和建设的实践中所起到的作用和地位也就不同。

(一)马克思主义信仰的演变

马克思主义对于中国共产党而言,具有多重价值和意义,即马克思主义是中国共产党人的建制依循和道路指引、行动指南和思想引领,以及理想信念和使命信仰。同样的,因为对马克思主义的认识和理解的历史性,马克思主义作为信仰信念在不同的历史时期也具有不同的深刻内涵。

在中国共产党人走过的百年历史中,不同阶段和时期,中国共产党人对马克思主义的认知和把握是不同的。也可以说,在百年历史进程中,虽然"马克思主义"这个概念没有发生变化,但是这个概念的所指、内涵、作用和价值、功能和意义等无不发生了变化。按照党的十九届六中全会通过的《决议》中关于中国共产党百年历史时期的划分,在四个历史时期,马克思主义所扮演的角色,以及所起到的作用等都是不同的。马克思主义也经历了从传入到中国化,再进一步深化融合形成中国特色社会主义理论的发展过程,马克思主义和中国化马克思主义是中国共产党进行革命和建设实践的根本指导。党的二十大报告也明确指出"马克思主义是我们立党立国、兴党兴国的根本指导思想",这是由中国共产党的政党性质决定的,是历史和实践证明了的,中国共产党是以马克思主义为根本指导思想的无产阶级政党,党的性质决定了党的根本理论根据就是马克思主义。

马克思主义是知识形态的马克思主义理论、信仰形态的马克思主义信仰,以及实践形态的共产主义运动的有机统一,它不仅仅是思想和理论,更是现实的运动,还是指引实践的理想方向。马克思主义信仰是无产阶级政党的根本信仰,马克思主义理论是无产阶级进行革命斗争的根本理论依据,工人运动是无产阶级政党实现无产阶级专政的主要途径。中国共产党从开始就把马克思主义作为自己的信仰,把实现共产主义作为最高理想,历经百年,从未改变。

随着中国共产党带领中国人民不懈革命和奋斗的历史实践的不断深入，党和人民对这一最高理想和最高目标的认识不断深化。对什么是共产主义理想、如何实现共产主义等都伴随着革命实践的变化而变化，中国共产党人的理想信念，也经历了从共产主义理想和马克思主义信仰，到共产主义远大理想、马克思主义信仰信念，再到共产主义远大理想和中国特色社会主义共同理想，再到马克思主义信仰、共产主义信仰、中国特色社会主义信念、中华民族伟大复兴信心的转变，可以简单概括为理想到信仰、再到信念、再到信心的转变过程。这个转变过程，充分体现了中国共产党人对什么是社会主义，怎样建设社会主义这些社会主义社会面临的根本问题的认识不断深化。

中国共产党人理想信念的转变和发展具有一定的必然性。这个必然性，一方面来自党对人类社会发展规律、社会主义本质规律，以及无产阶级政党的执政规律等认识的不断升华，这是认知层面上的必然性，也可以算作是中国共产党人理想信念转变的理论逻辑。另一方面，这个必然性还来自中国共产党带领中国人民不懈的革命和奋斗实践，正是在为了国家独立、人民解放和民族独立而英勇的革命斗争和牺牲中，党认识到，只有人民当家作主，走社会主义道路，才能实现真正的解放和独立；正是在党带领人民为了实现国家富强、民族复兴和人民幸福而不懈奋斗和无畏的开创中，党认识到，只有坚定地以人民为中心，坚定地把马克思主义时代化本土化，才能真正实现国家的富强和繁荣。从社会形态的角度讲，实现共产主义社会的三个基本条件，也就是共产主义社会的三个基本特征，即高度发达的生产力、物质财富和精神财富极大丰富、"三大现象"和"三大差别"都消失，需要共产党人进行彻底的革命和不懈的奋斗努力才能实现，而这个目标对于我国现实发展而言还是很遥远的。作为存在于社会发展现实中的共产主义，更多的是以运动和思想的方式而存在，即使是作为共产主义初级阶段的社会主义，在现实的社会发展进程中，也与马克思和恩格斯在《共产党宣言》中所宣传的"自由人联合体"还相差甚远,而我国社会发展现实表明我们仍然处于社会主义的初级阶段。可见,对于中国共产党而言,实现真正"自由人联合体",还需要比较长的时期。

"中国特色"这一概念的提出,不仅深化了党对社会主义本质的认识,而且从一定程度上深化了马克思主义的科学社会主义思想,丰富和发展了马克思主义。从理论与实践相结合上推进了中国特色社会主义道路、理论、制度、文化的不断发展。中国共产党人对党和国家、社会发展的规律和前景有了更加深入的认识和把握。中国特色社会主义进入新时代,党把理想信念概括为对马克思主义、共产主义的信仰、对中国特色社会主义的信念、对中华民族伟大复兴的信心,充分体现了新时代中国共产党人对马克思主义的认知和理解,认识到"三大规律"的现实性和时代性,更体现了党百年历史进程中坚持把马克思主义与现实结合、实事求是、与时俱进、在具体现实中推进理论创新,实现理论和实践创新良性互动的历史进程。

(二)新时代的理想信念与信仰

关于中国共产党人的理想信念,简单概括就是马克思主义信仰,但全面理解就包括马克思主义、共产主义、中国特色社会主义、中华民族伟大复兴、信仰、信念、理想、信心等范畴。要弄清楚这些概念之间的关系,首先就是要理顺"信仰""信念""理想"等几个概念之间的关系。

"理想"和"信念"两个概念从某种意义上讲具有相同的内涵,都是指人的精神状态。只是相对而言,"理想"更倾向于未来,指向的是人们所向往的某种未来,而"信念"则更倾向于过程,指向的是人们到达某种未来的过程。因此,"理想"和"信念"两个概念经常放在一起使用,指的是人们追求某种未来的精神状态,是引领人们奋斗方向的航标,是推动人们前进的强大精神动力。中国共产党人的理想信念就是中国共产党人追求和为之奋斗的目标和精神动力。

"信仰"是具有更复杂内涵的概念,一般意义上是指完全信服某种思想、学说、理论等,并把这些学说思想作为自己的行动遵循和思想指导。根据所信仰对象的不同,信仰也分为不同的种类,整体而言,信仰可以分为盲目信仰和科学信仰。"信仰"也指人的精神状态,存在着对某种对象的相信或者信任,但是与"理想"和"信念"相较而言,"信仰"具有实践过程中把所相信的对象作为行动遵循的意思。在西方哲学史中,"信仰"和"信念"都是从英文"belief"这个概念翻译过来,所以这两个概念也具有相同的意思,一方面是指宗教领域中的信仰,一方面在认识论和知识论领域中指内在的确实状态,即知识。

英国哲学家罗素在《人类的知识》一书中,对信念进行了比较系统的概括分析。他认为,信念就是人们在身体上或者心理上,或者两方面都具有的某种状态,并且依据这种状态所具有的特性以及产生的过程,对信念种类进行了划分,也可以看作是对知识的划分。他划分了五种不同的信念,第一种是以动物性推理补充感觉的信念;第二种是记忆;第三种是预料;第四种是只凭证据不经思考就得出的信念;第五种是自由意识推理的信念。罗素关于信念的理解,就是西方认识论和知识论领域中关于信仰的理解,也就是说,还是从"何为真的知识"的这个角度来理解的。信念的产生和确证被看作是当代认识论或知识论的核心问题,在认识论或知识论的范畴体系里,信念就是指一般的人类认知。不同的认识论或知识论流派和立场,对于信念如何产生、如何确证具有不同的观点,但都认为信念就是人类的某种心理状态,其中包含着"确信""相信"的含义。所以从认识论和知识论的角度讲,信仰和信念具有内在一致性,指的就是一种与人的情感、意志相结合的,体现在人们实践活动中的动力、目标、方向等观念意识形态。

因此,对信仰信念的形成具有决定作用的是人们对世界的认识,以及在认识基础上形成了什么理论。可以说,有什么样的认识、什么样的理论就决定了信仰的对象和内容是什么。科学信仰和盲目信仰、宗教信仰的根本区别就在于所信仰的对象和内容不同,而这种不同,就源自于作为信仰基础的认识,以及在认识基础上形成的理论。

首先,"共产主义信仰"和"马克思主义信仰",二者的共通之处在于以实现共产主义社会为最高目标。这个最高目标并不是虚幻、毫无根据的,而是建立在人类社会发展规律基础之上,也就是说,是由客观规律所决定的,所以二者都是基于客观规律基础之上的科学信仰。虽然二者具有共通性,但二者也确实是不同的概念,具有不同的内涵和所指,这也就是之前提到的关于马克思主义基础问题之一的"马克思主义"和"共产主义"两个概念的关系问题。

其次,"共产主义理想"和"中国特色社会主义理想",二者也具有共通性。即二者都是从社会形态发展的角度来阐明发展方向和目标的,而且社会主义是共产主义的初级阶段,对社会主义的理想就是对共产主义的理想,而对共产主义的向往也需要经历对社会主义的理想阶段。但同时,"共产主义"和"中国特色社会主义"也是具有不同所指的两个概念,而且二者所表征的具体实践过程也是不同的。

最后,"信仰""信念""信心"以及"理想"之间的关系。通过上面的分析我们可以看到,这几个概念是从不同层次或者说不同程度上对人的精神状态的表述,而新时代中国共产党人的理想信念是这几个不同层面的综合,充分说明了在实现共产主义社会这一根本目标的核心基础上,党对国家和社会的发展道路和发展方向,以及发展进程有着越来越深入的认知,表明了中国共产党人理想信念的科学性。也就是说,新时代中国共产党人的理想信念,不仅仅是精神支撑和精神引领,更是具有现实指引的具体目标,而中国共产党就是这一具体目标的践行者和实现者,是马克思主义由理论形态转化为现实存在,从而推动社会进步发展的阶级基础。

中国共产党作为马克思主义政党,从一成立就把实现共产主义社会作为自己的最终目标。从一定意义上讲,马克思主义、共产主义、社会主义同中国共产党、中华民族、中国人民是紧密联系、命运与共的整体。因此,马克思主义、共产主义和社会主义在理论层面上具有相同的内在一致性,用"马克思主义信仰、共产主义远大理想、社会主义共同理想"来表述中国共产党的理想信念,更清晰地表明了中国共产党人理想信念、信仰信念信心的科学性、先进性、现实性和民族性。

(三)马克思主义信仰的科学性、先进性、现实性和民族性

马克思主义信仰在这个信仰、信念、信心整体中具有统领的地位,凸显了新时代中国共产党人理想信念的科学性。"无论时代如何变迁、科学如何进步,马克思主义依然显示出科学思想的伟力,依然占据着真理和道义的制高点。"[①]马克思主义信仰是科学信仰,它的科学性源自马克思主义理论的真理性,科学性和真理性也是马克思主义信仰的特征。进一步讲,社会主义和共产主义二者之间的关系也是随着人们的认知而不断变化的,整体上而言,在科学社会主义理论体系中,社会主义是共产主义的初级阶段。因此,对社会主义的理想也就成为实现共产主义的阶段性理想,但同时,不能仅仅从理论上来理解"共产主义"和"社会主义"二者之间的关系,把二者看成是社会发展的不同阶段。更应该结合现实来理解"共产主义"和"社会主义"的区别,可以说,在现实的人类实践中,社会主义已经成为一种现实制度的存在,而共产主义则倾向于理论、方向的存在;在未来理想社会的设想中,社会主义和共产主义又具有共通性,所以作为信仰、信念,社会主义和共产主义二者

---

① 习近平:《在哲学社会科学工作座谈会上的讲话》,《人民日报》,2016 年 5 月 19 日。

之间也是辩证统一的。这种辩证统一具体表现为抽象性与具体性、宏远性和现实性、普遍性与特殊性的统一，是马克思主义信仰在新时代的进一步深化，既具有远大理想的引领意义，也具有共同理想的指导意义，体现了中国共产党人信仰、信念的现实性和先进性。实现每个人自由而全面发展的共产主义是中国共产党的最终理想和目标，共产主义远大理想集中体现了人民对未来美好生活的向往和追求，它的实现具有必然性，这种必然性源自人类社会发展规律的客观必然性。

共产主义社会是人们在对人类社会发展规律认识的基础上设想的社会发展目标。遵循社会基本矛盾运动规律，生产力是根本动力，人民群众是主体力量，生产力与生产关系的矛盾运动最终决定了人类社会发展和社会形态的更替。而且马克思主义对未来共产主义社会实现的必然性的阐释，不仅仅依赖唯物史观所揭示的客观规律，还是在对资本主义社会的深刻批判基础上科学论证出来的。马克思主义经典作家深入研究了资本主义社会，论证了建立无产阶级专政的必然性。伴随资本主义而诞生的社会主义，也经历了500多年的历史发展进程，在这500多年的进程中，从基于文学构想的"乌托邦"社会主义，到基于现实政治运动的"平均共产主义"的社会主义，再到基于生产资料私有制批判的"空想社会主义"，再到基于无产阶级革命运动的科学社会主义，再到由遭受失败到逐步走向成功的发展，社会主义实现了由思想、运动、理论形式到现实制度形式的根本性转变，尤其是有着社会主义道路探索发展百年历史的中华民族在新时代焕发出了强大生命力，深刻影响着世界和整个人类社会文明进程的发展。作为共产主义初级阶段的社会主义已经是一种现实，用历史事实证明了马克思主义关于人类社会发展规律是具有科学性的真理，也从历史和现实两个层面证明了实现共产主义的现实性和必然性。

在某种意义上讲，社会主义革命胜利和马克思主义理论的科学性、真理性是内在一致的。但是马克思、恩格斯及列宁等经典马克思主义作家所设想的共产主义社会，以及实现共产主义社会的道路等问题的思考和研究，都具有强烈的时代性。人类社会历史发展进程的多样性和复杂性，以及人民创造历史的能动性等都表明了共产主义社会的实现是一个长期的过程。社会主义社会作为共产主义社会的初级阶段，虽然从社会形态上说，其本质属性是一致的，但现实中的社会主义社会却与马克思主义经典作家所设想的未来理想社会还有很大差距。更主要的是，现实的社会主义实践还在继续发展，只有现实中的社会主义发展到比较发达的阶段，才能为共产主义社会这一高级阶段的实现提供现实基础。所以邓小平深刻分析了新中国成立以后我国社会主义革命和建设的历史，进一步从本质层面上深化了对社会主义的认识，把生产力这一物质性力量进一步明确为社会主义发展的本质，即社会主义的本质就是解放和发展生产力。由此，提出了"中国特色"这一概念，表征中国所选择的社会主义与马克思、恩格斯及列宁等经典马克思主义者的社会主义的区别，当然这种区别是在继承基础上的创新。我国从社会发展现实出发，为实现共产主义理想确定了阶段性的目标。如果说最终目标只有一个的话，那么在努力奋斗到达这个目标的过程中则会有很多个阶段性的目标，如果说最终目标的确立是依据理论和规律的话，那么阶段性目标的确立更多的则是依据现实。实现共产主义远大目标的过程是长期的，在这个过程中，我们应该一步一个脚印，脚踏实地，从具体现实出发，确定一个个阶段性目标。中国特色社会主义共同理想，就是我们在追求和实现共产主义远大目标过程中的阶段性目标。中国特色社会主义共同理想的确定体现了中国共产党人理想信念的时代性和现实性。

最后，从实现时间层次上看，用"共产主义"和"中国特色社会主义"两个概念来表征中国共产党人的理想信念，表明了二者之间在时间上的延续性，即最终理想和阶段性理想的关系。从追求目标的层次上讲，二者是最高纲领和最低纲领的关系。把奋斗和追求目标阶段化，是中国共产党人一直以来的工作方式，也是遵循马克思主义基本立场和基本方法解决问题的具体体现。早在党的二大上，我们党就基于当时我国所面临的具体现实明确了最低纲领和最高纲领。事实上，作为无产阶级专政的社会主义国家，我们党的最终目标和最高纲领一直都没有变。但是随着我国社会主义事业的不断发展，阶段性目标必然也会随之发生变化，但是区分最低纲领和最高纲领的战略方法仍然是正确的，"中国特色社会主义是党的最高纲领和基本纲领的统一"①，马克思主义的最终目标是实现全人类的解放，任何一个民族、一个国家既是整个世界的构成部分，同时更是相对独立的。所以在坚持社会主义道路的同时，也要和本民族、本国家的现实实际，以及本国的文化文明相结合，这也是坚持马克思主义的必然要求。实现中华民族的伟大复兴和中国人民对美好生活的向往是中国特色社会主义共同理想的具体体现，与实现共产主义这一最终目标相比较，实现民族复兴和人民幸福是新时代中国共产党带领中国人民不懈奋斗的最近目标和最低纲领。

中国特色社会主义共同理想和共产主义远大理想不仅仅是"个性"和"共性"、"阶段性目标"和"最终目标"的关系，更是凸显"中国特色"自信的具体表现，体现了新时代中国共产党人理想信念的民族性。中华民族具有悠久文明历史，创造了灿烂的中华文明，虽然近代以来遭受了磨难，但具有伟大创造精神、伟大团结精神、伟大奋斗精神和伟大梦想精神的中国人民并没有被列强的侵略和民族的磨难所击垮，而是在伟大的马克思主义政党带领下实现了中华民族和中国人民的胜利。20世纪末的苏联解体、东欧剧变使世界共产主义运动遭受巨大的打击，甚至很多人开始否定马克思主义的社会主义，世界社会主义国家的力量进一步被削弱。在这样的世界历史发展进程

---

① 中共中央文献研究室：《十八大以来重要文献选编（上）》，中央文献出版社，2014年，第116页。

中,中国共产党人在具体奋斗实践中创新性地发展了马克思主义。在认识层面、方法层面以及现实层面等多个方面真正实现了马克思主义基本理论和中国社会主义现代化实践的结合,提出社会主义的本质是解放生产力、发展生产力,从本质上回答了什么是社会主义这一社会主义制度的关键问题;开创了中国特色社会主义理论体系,实现了马克思主义中国化的新飞跃;使得在中国特色社会主义理论体系指导下的中国现代化建设实践不断取得伟大成就,为中华民族的伟大复兴奠定了坚实的物质基础,也为深化马克思主义的时代化和本土化指明了方向。在世界社会主义运动整体遭受怀疑之际,走出了中国独有的成功的社会主义道路,把中华民族带到了逐步富起来的发展进程中,也为中华民族的富强奠定了坚实的经济基础,从现实层面增强了实现民族伟大复兴的信心。

中华民族伟大复兴的实现离不开坚持中国特色社会主义理论、制度、道路和文化,而坚持中国特色社会主义理论、制度、道路和文化的根本就是坚定的自信。自信是源自于自身的根本发展动力,是实践主体自我完善、自我发展的前提,对于一个国家、一个民族也是如此。如果对自己国家、自己民族、自己的历史,以及自己的道路都没有坚定的自信,那么就根本不可能有进步和发展。中国共产党人把中国特色社会主义作为理想信念的有机构成部分,充分彰显了中国共产党人对中国特色社会主义的坚定的、高度的自信。因此,如果说共产主义远大理想是全人类的奋斗目标的话,那么中国特色社会主义共同理想就是中华民族、中国人民在对中国共产党成立百年来革命奋斗历史的坚定自信基础上,继续革命奋斗的目标,体现了中国人民和中华民族的共同理想和奋斗目标。

总之,中国共产党人理想信念所包含的信仰、信念、信心是一个有机整体,对马克思主义的信仰,表明了理想信念的科学性;对共产主义的信仰,表明了理想信念的先进性;对中国特色社会主义的信念,表明了理想信念的现实性；对中华民族伟大复兴的信心，表明了理想信念的民族性。作为一个有机整体，我们要辩证地看待三者的关系，三者作为新时代中国共产党人的理想信念具有不可分割性，既体现了马克思主义的继承性，也体现了马克思主义的发展性和时代性，同时也是马克思主义信仰科学性、先进性、现实性和民族性的统一，体现了中国共产党人对马克思主义认知的不断深化，以及带领人民不懈奋斗创造新历史新成就的方向和道路越来越明确。

第二章 马克思主义信仰和马克思主义观

信仰形态的马克思主义是以知识形态的马克思主义为核心内容的,准确理解"什么是马克思主义"是正确认知马克思主义信仰的前提,而要弄清楚"什么是马克思主义"这个问题,就不能脱离马克思主义创立者和继承者关于自己理论的理解,也就是经典马克思主义作家的马克思主义观。

一、马克思主义观的主要内容

关于马克思主义的定义,就是从创立者、主要内容、阶级基础等几个方面对马克思主义这一概念下的定义。作为一个理论思想体系,不同的学者、不同的研究者对马克思主义形成了不同的认识,因此当今世界各国各地区自称马克思主义的派别和人物非常多,对马克思主义的理解和解释也是多种多样。作为中国共产党信仰、信念内容的马克思主义并不是形形色色的马克思主义,我们可以通过马克思、恩格斯等经典马克思主义作家对自己所创立理论的描述性和评价性的论断来理解到底"什么是马克思主义",从而明确判定如何是一个真正的马克思主义者,进而理顺马克思主义信仰的核心内容有哪些。

所谓的马克思主义观,顾名思义,就是对马克思主义的总体观点和看法。这个总体观点和看法,可以概括为关于马克思主义的多个方面的内容,例如,马克思主义的内涵、马克思主义的思想渊源和理论来源、马克思主义的主要内容、马克思主义的形成和发展、马克思主义的传播、马克思主义的作用和价值、马克思主义的本质、马克思主义的特征、怎样坚持和发展马克思主义、如何真正实现马克思主义的方法论价值和意义、马克思主义者的判定标准是什么等一系列问题,形成了围绕马克思主义这个范畴展开的,从总体上对马克思主义的论述和阐明。"概括的说,马克思主义观是关于马克思主义的观点体系。"①可以说,不同的学者和流派从不同的角度和立场出发形成了不同的马克思主义观,而在这些问题中,最能体现不同立场的在于如何定义和定性马克思主义、如何对待马克思主义,以及如何从整体上概括马克思主义的根本特征和根本属性。这些问题可以说是马克思主义观的核心问题,也是划分不同马克思主义派别的主要依据,尤其是辨析西方文化体系中诸多关于马克思主义的理论研究成果的主要依据。而且这些问题都是基于整体马克思主义的思考,体现了很强的时代性,对于这个问题的开端就可以追溯到作为创立者的马克思恩格斯那里,随后是列宁主义,以及马克思主义中国化发展进程中的不同历史阶段、不同历史时期。时代课题和主题不同,人们所思考的问题也不同,那么对如何定义和定性马克思主义也就不同,马克思主义自身的发展和人们对马克思主义认识的不断深入也决定了马克思主义观的演变。

　　马克思主义是由马克思和恩格斯共同创立的。二人拥有共同的政治信仰和为人类解放而不懈革命的伟大奉献精神,恩格斯也明确说明这个理论用"马克思主义"来命名的合理性和准确性。通过对马克思和恩格斯相关文本的阅读,可以看到二者在理论创立过程中的地位和意义还是有所不同的,

---

　　① 梁树发:《谈谈马克思主义观》,《马克思主义研究》,1999 年第 6 期。

从某种意义上讲,与马克思相比,恩格斯之于马克思主义,更具有哲学的反思性。换言之,恩格斯比马克思更多地思考过关于如何定义、定性马克思主义,以及如何对待马克思主义等问题,而且很大程度上,当前的马克思主义都是经过恩格斯阐释后的马克思和恩格斯的思想和理论。因此,我们要认识真正的马克思主义,或者说弄清楚"什么是马克思主义"这个问题,就必须阅读恩格斯。正如列宁所说,不研读恩格斯的全部著作,就不理解马克思主义,就不可能完整的阐述马克思主义。尤其是对于中国共产党而言,当前我们关于马克思主义理论的理解很大程度上都是恩格斯阐释的马克思主义。

当然,我们不能机械地把马克思和恩格斯在创立马克思主义理论过程中的理论和观点割裂区分,但同样的,对于如何理解马克思主义也不能离开马克思和恩格斯的自我阐释。马克思和恩格斯对马克思主义的观点和看法主要体现在与其他社会主义思想流派的论战中,包括很多方面,例如什么是马克思主义、马克思主义对于无产阶级革命和无产阶级政党的作用和意义,以及如何对待和捍卫马克思主义等几个方面。近些年,国内的部分马克思主义理论研究者认为,"什么是马克思主义"和"如何对待马克思主义"是马克思主义观的两个基本问题,其他的问题都可以归结为这两个方面。例如,梁树发(2000)、周向军(2006)、宋朝光(2006)、刘建军(2014)、姜辉(2020)、梅荣政(2021)等都围绕这一观点形成了一定的研究成果。

更主要的一点,就是体现在恩格斯对用马克思主义命名这一理论的态度,以及自己在二人合作中的作用和地位的解释上。从1844年马克思和恩格斯开启合作共同进行革命理论创作开始,恩格斯就认可马克思的理论并认为自己的思想都是得益于马克思的。虽然在马克思逝世后,恩格斯更是独立丰富和发展了马克思主义,但是在谈到他对马克思主义理论贡献的时候,恩格斯总是把马克思放在第一位,认为自己在马克思主义理论创立中"拉第二小提琴"①,这样的思想可以说是恩格斯一以贯之的想法,而且这样的想法也体现在关于这一个理论以马克思命名的表述中。关于为什么这个理论以马克思来命名,恩格斯有过明确的表述:"没有马克思,我们的理论远不会是现在这个样子。所以,这个理论用他的名字命名是理所当然的。"②这说明,恩格斯也明确表明马克思主义理论是由他和马克思共同创立的,只不过在这个过程中,马克思的贡献更大一些,而且核心的观点和思想都是马克思提出的,恩格斯做的工作更多的是佐证和诠释,所以这个理论以马克思的名字命名更合适一些。对这一理论命名的解释,也表明在恩格斯看来,马克思主义的最内核思想就是关于经济和历史领域的思想。

把马克思主义的主要内容归结为哲学、政治经济学和科学社会主义三个部分,也是从恩格斯开始的。恩格斯没有直接的明确表述过,而是在《反杜林论》一文中依据杜林批判马克思的文本结构,分了这三个方面来为马克思观点辩护。而且之后列宁明确表述了马克思主义的三个来源和三个组成部分,成为我们理解马克思主义主要内容和组成部分的根本遵循,也得到了学术界的普遍认可。虽然在作为思想来源的理论与马克思主义理论的具体关系,以及马克思主义三个组成部分之间关系上存在着不同的理解和论述,但是把德国古典哲学、英国古典政治经济学和英法空想社会主义作为马克思主义直接思想来源,把马克思主义哲学、马克思主义政治经济和科学社会主义看作是马克思主义的主要组成部分却是得到普遍认可的。因此,本书并不就恩格斯和列宁关于马克思主义的主要内容和组成部分的论述展开分析,主要围绕什么是马克思主义和如何对待马克思主义两个问题展开论述。虽然这两个问题也已经形成相对认可的观点,但是随着社会主义实践的不断

---

① 《马克思恩格斯文集》(第10卷),人民出版社,2009年,第525页。

② 《马克思恩格斯选集》(第4卷),人民出版社,2012年,第248页。

深入和发展,人们对于马克思主义的认识也不断深化,而且随着历史和时代的变迁,人们所面临的社会问题和时代问题都发生了变化,在如何理解马克思主义、如何对待马克思主义,以及如何理解经典作家对马克思主义的自我阐释等方面也必然会随着时代主题的变迁而变化。

二、马克思主义经典作家的马克思主义观

恩格斯关于什么是马克思主义的阐释,从某种意义上讲,是把马克思主义等同于共产主义来运用的,而且在他们的论述中,用共产主义理论来表明马克思和他所创立的理论和所持有的观点。因此,恩格斯对于什么是马克思主义这一问题的回答,可以通过他对什么是共产主义的论述来理解。在《共产党宣言》里,马克思和恩格斯把马克思主义直接等同于共产主义,我们经常引用的那句最具标志性的引文,"代替那存在着阶级和阶级对立的资产阶级旧社会的,将是这样一个联合体,在那里,每个人的自由发展是一切人自由发展的条件"①,在表明了共产主义社会是什么样的同时,也表明了马克思主义的核心和归宿,以及遵循马克思主义的无产阶级政党进行革命和斗争的根本目标。因此,共产主义既是对未来理想社会的憧憬,更是指引无产阶级进行革命和斗争的策略、方法和道路,还是无产阶级通过革命,建立无产阶级政权的理论基础和依据。而共产主义作为一种理论可以概括为一句话:消灭私有制。可以说,私有制的消灭是共产主义社会区别于其他社会形态的最本质的特征。总之,虽然对于什么是马克思主义,马克思和恩格斯并没有给出非常明确的定义,但是我们可以通过梳理马克思和恩格斯关于马克思主义的重要论述来概括他们对"什么是马克思主义"的回答。而这些方面,不

---

① 《马克思恩格斯选集》(第1卷),人民出版社,2012年,第422页。

仅说明了什么是马克思主义，而且也在思想内容层面上表明了马克思主义区别于其他理论体系的根本特征和重要意义。

国内部分学者关于恩格斯对什么是马克思主义的回答也有不同的梳理。例如，梁树发在《关于"什么是马克思主义"》一文中认为，关于"什么是马克思主义"这个问题首先是由马克思自己以一种间接的方式提出来的，而后恩格斯尤其是在其晚年期间，针对马克思主义的教条化和歪曲理解，在对马克思主义的捍卫过程中进一步作了回答。"恩格斯在其晚年关于历史唯物主义的通信中，针对一些马克思主义者或自称的马克思主义者（如德国社会民主党内的"青年派"和英国的海德门之流）对马克思主义的教条主义的理解和态度，反复强调马克思主义不是教条，而是行动的指南。"①周向军在《恩格斯的马克思主义观：基本内容与重要意义》一文中，把恩格斯关于什么是马克思主义的回答，划分为"发生论说明、出发点说明、特征论说明和价值论说明四个方面"②，由此把马克思主义的形成、思想来源、理论特征和作用价值等问题都包含在"什么是马克思主义"这一问题的回答里面。姜辉在《恩格斯的马克思主义观及其时代意义——纪念恩格斯诞辰200周年》一文中并没有直接梳理恩格斯对"什么是马克思主义"这一问题的回答，而是从"如何对待马克思主义"这个问题入手，说明恩格斯对待马克思主义的科学态度，即坚持马克思主义的发展性。

通过对相关国内研究文献的整理，可以看到，关于恩格斯如何理解马克思主义的研究已经形成相对普遍认同的观点，而且近几年，国内学者对恩格斯的讨论更多是集中在恩格斯对马克思主义理论的贡献方面。2020年是恩格斯逝世200周年，国内学者掀起了恩格斯研究的一股热潮，最集中的研究热点，或者说关注点就在于恩格斯之于马克思主义的意义上，主要是从马克

---

①　梁树发：《关于"什么是马克思主义"的提问》，《中国人民大学学报》，2000年第4期。

②　周向军：《恩格斯的马克思主义观：基本内容与重要意义》，《理论学刊》，2006年第8期。

思主义整体性出发来讨论恩格斯对于马克思主义的不可或缺性。当然,更多的研究是深入马克思主义理论内部,分析恩格斯相对于马克思所做出的独特贡献。概括地讲,形成的相关成果有恩格斯或恩格斯晚年对马克思主义哲学、政治经济学、科学社会主义、无产阶级革命策略、政党理论、生态思想、国家学说、科学方法论、人学、美学、青年观、民族理论、法学、新闻学等的贡献和意义。

相比而言,近年来国内关于恩格斯如何理解马克思主义的研究相对较少。恩格斯作为马克思主义的创立者,对马克思主义理论的贡献是毋庸置疑的,而且从一定意义上,在马克思逝世以后,整个世界,无论是资本主义社会的发展,还是无产阶级革命的斗争形势都发生了一些新的变化。正如本节开首所言,恩格斯晚年的思考更具有反思性,尤其是关于如何对待自己早期所形成的理论方面。恩格斯之于马克思主义的特殊角色决定了他关于"什么是马克思主义"及"如何对待马克思主义"等问题的论述是所有马克思主义者的根本遵循。因为之于马克思主义,恩格斯不仅是创立者,还是阐释者、宣传者、传播者、传承者、捍卫者,更是现实的践行者,理论和实践相结合体现在恩格斯的身上。而这个践行者的身份是所有坚持社会主义道路国家的马克思主义者的楷模。所以说,恩格斯对于马克思主义理论的意义在于,他不仅是马克思主义的创立者,更是马克思主义的捍卫者和阐释者,推动着马克思主义的不断发展和完善。

在新时代梳理马克思和恩格斯对自己创立的理论的看法和观点,还是具有很强的现实意义的。不仅可以让我们更好地把握马克思主义的深刻内涵,从而更好地理解和把握从 19 世纪马克思主义到 21 世纪马克思主义的转变和发展,而且可以让我们更好地从知识和信仰相统一的角度来理解马克思主义。在某种意义上,能够正确理解马克思主义或者说能够认识真正的马克思主义是相信马克思主义的前提,因为只有真正的马克思主义才是马克思主义的信仰内容和信仰客体。

（一）恩格斯关于马克思主义的重要论述

可以把马克思和恩格斯关于什么是马克思主义的观点概括为以下几个方面。

其一，把马克思主义等同于共产主义。这在《共产党宣言》中表现得最为集中，也可以说，这是马克思和恩格斯对什么是马克思主义最基本也最核心的表述；而共产主义本身又是思想、理论、运动、社会形态、社会制度、理想信念的统一。因此，马克思主义不仅仅是思想理论体系，更是一种运动和思想指引。这里涉及的是马克思主义和共产主义的关系。如果仅从概念上来理解，马克思主义的所指是一个内容丰富、涉及人类社会生活各个领域的、具有整体性的理论体系。而共产主义，最初是作为资本主义社会的对立面出现的，表征的是对未来理想社会的设想。《共产党宣言》1888 年英文版序言中，恩格斯在说明为什么宣言没有叫作"社会主义宣言"的时候，对共产主义和社会主义的使用进行了简要的说明。因为在当时，也就是 1847 年前后，社会主义者指的是以欧文、傅里叶等为代表的空想社会主义者，以及一些试图基于社会角度寻找社会发展道路的各种"社会庸医"，"他们凭着各种各样的补缀办法，自称要消除一切社会弊病而毫不危及资本和利润"①。所以恩格斯为了和这些"社会主义"区分开来，就用了"共产主义"这个概念。因为当时这两个方面的"社会主义者"根本就是脱离了工人阶级的，脱离了工人运动的虚幻的、歪曲的、抽象的思想和观点。

马克思和恩格斯的根本立场就是工人阶级，或者说，人类社会的发展和人类解放的前提是受剥削受压迫的无产阶级的解放，而无产阶级的解放只能依赖无产阶级自己来实现。"社会主义"和"共产主义"这两个概念，在当时

---

① 《马克思恩格斯文集》（第 2 卷），人民出版社，2009 年，第 13 页。

的语境中,非常明显的是"共产主义"更加适合马克思和恩格斯的立场和观点。不仅如此,在《共产党宣言》中,马克思和恩格斯还系统分析、批判了各种当时流行的所谓的"社会主义"流派,深刻批判了他们的反工人运动、反无产阶级立场的资本主义本质,并把"全世界无产者,联合起来!"作为无产阶级工人运动的口号。系统学习宣言这一文本,我们就可以发现,恩格斯之所以用"共产主义"这个概念,主要原因是要表明他们所创立的理论与工人运动、与无产阶级、与世界上受剥削受压迫阶层的内在联系,也就是说,共产主义的核心是工人运动,"让统治阶级在共产主义革命面前发抖吧!"因此,在恩格斯那里,把马克思主义等同于共产主义更加强调马克思主义的无产阶级工人运动的本质。或者说,马克思主义与工人运动二者之间的内在关系。马克思主义不是机械的教条和方法,也不仅仅是理论和思想的体现,更是和无产阶级的阶级斗争和工人运动联系在一起的存在。

从理论和实践相统一的角度讲,马克思主义是世界观、方法论和价值立场,是思想体系的理论形态的存在,与理论和思想相比,共产主义社会则是一种现实的存在,只是这是一种"尚未实现"的现实的存在,共产主义作为人类社会发展的未来的社会形态,是无产阶级为之革命和奋斗的最终目标,把马克思主义等同于共产主义,也在一定层面上表明马克思和恩格斯的理论从开始就具有方向引领的价值和意义。所以真正的马克思主义,首先是要坚持共产主义的奋斗方向和目标,坚持无产阶级工人运动的根本立场,只有厘清马克思主义与共产主义二者之间的关系,才能真正地理解马克思主义。因此,坚持马克思主义就要把共产主义作为根本奋斗目标,坚持无产阶级工人运动的主体性。

其二,把马克思主义看作是无产阶级运动在理论上的反映。意识是对客观实在的主观反映,把马克思主义看作是无产阶级运动在人的头脑中的反映,体现了马克思主义的实践性和现实性。也就是说,马克思主义并不是马克思和恩格斯随意构想出来的，而是在现实的实践基础之上形成的规律性的认识。例如，在《反杜林论》中，恩格斯就指出马克思主义是无产阶级运动在理论上的反映。"一切社会变迁和政治变革的终极原因，不应当到人们的头脑中，到人们对永恒的真理和正义的日益增进的认识中去寻找，而应当到生产方式和交换方式的变革中去寻找；不应当到有关时代的哲学中去寻找，而应当到有关时代的经济中去寻找。"①由此表明，马克思主义是对现实运动的反映，是现实实际运动的结果，而不是由头脑"发明"出来的抽象的存在。同时，也表明了马克思主义的实践性这个鲜明的理论特征。实践决定认识，实践的变化必然引起认识的变化和理论的发展，这一点也决定了对待马克思主义的态度。

马克思和恩格斯一直都十分关注世界各地的工人运动，虽然马克思和恩格斯从阶层上讲并不属于以体力劳动为主体的工人阶级，但他们清晰地意识到，自己的理论所依赖的主体是谁。而之所以会有这样的结论，原因就是马克思主义理论的形成虽然有德国、英国、法国等的哲学、政治经济学及社会主义理论的思想基础，但最直接的来源还是对当时资本主义社会现实的批判和当时工人阶级运动的反思。所以马克思和恩格斯把自己的理论看作是工人运动的理论反映，充分体现了马克思主义的现实性。而且对马克思主义的这样一种理解，也与马克思主义哲学主题的转换是一致的。

一方面，在《关于费尔巴哈的提纲》一文中的广为人们引用并用来说明马克思主义鲜明特征的那句话——"哲学家们只是用不同的方式解释世界，而问题在于改变世界"②——也表明了马克思主义作为理论思想体系不仅仅解释世界何以如此，更主要的是在解释世界何以如此的基础上，与工人运动

---

① 《马克思恩格斯文集》(第9卷)，人民出版社，2009年，第284页。
② 《马克思恩格斯文集》(第1卷)，人民出版社，2009年，第506页。

有机结合起来,通过工人运动把理论力量转化为现实的、物质的,能够真正改变世界的力量，从而解决人类解放何以可能的问题。所以在一定意义上讲,马克思主义既是认识世界的理论,更是改造世界的理论。

另一方面，马克思主义是人类文明史上唯一作为现实的国家的指导思想和理论旗帜的理论体系。从这样的历史地位来看,马克思主义理论较之其他思想家的理论有很大的独特性。这种独特性就是马克思主义哲学时代主题转化和解决时代主题的途径不同于其他哲学体系。任何理论都是时代的产物,任何人和思想都无法完全脱离和超越时代局限性,作为反思的哲学更是如此，虽然会有某些哲学思想超越现实，但是其理论设想还是要源于现实,马克思主义哲学也不例外,马克思主义哲学的形成就是对时代主题的解答。由于社会发展的变化,时代特征的变化、哲学面临现实的变化、解决的问题域发生变化,也就意味着哲学主题的变化。马克思主义实现了哲学革命就体现在哲学主题的转变上,也就是从之前的"解放世界何以可能"这一问题,转化为客观世界基础上"人类的解放"如何实现的问题。由现实物质世界转向现实的由人参与的物质世界,即人类社会。这里涉及主题转换前的所谓传统哲学,主要是为了和马克思主义哲学进行对比而划分的、相对的哲学理论体系的统称——形而上学。马克思主义哲学以"拒斥形而上学"为口号,这与美国的实证哲学有共同点,但更主要的是具有本质的区别,即一个更关注人及由人构成的社会,另一个更关注客体。

不仅如此,马克思主义解决时代主题的方式不同,马克思主义把实践作为首要的和基本的观点,把实践提升为哲学基本原则、哲学思维方式,用实践来解释和改造世界观。马克思主义哲学从关注世界转变为关注人自身,所以实现了从对宗教的批判到对现实世界的批判，在对现实世界进行批判的过程中，又经历了从哲学批判、形而上学批判到政治批判、意识形态批判,再到经济批判的不断深化过程。这样,马克思主义所要解决和回答的问题并不是"世界如何存在"的抽象问题,而是"人类如何从异化中解放"的现实问题。从这个角度讲,马克思主义哲学就不仅仅是人们的一般的世界观的体系化和理论化,而是关于人类社会、人类自身及无产阶级的理论和学说,确切地讲,就是关于无产阶级革命和人类解放的学说。这样的转变,带来了哲学史的变革,使得关于形而上领域的抽象哲学走向了关于现实的人及其活动的现实哲学。因此,哲学家的任务也就由仅仅"解释世界"转变为在"解释世界"基础上真正的"改造世界",实现主体客体化和客体主体化双向运动的过程,这样就把实践引进哲学,用于说明人的本质、社会的本质、世界的本质,真正实现了哲学史上的伟大变革。因此,要获得马克思主义真知,首要的就是把握马克思主义哲学中的实践概念的深刻内涵及其在整个马克思主义理论体系中的重要意义。

其三,从马克思主义所包含的理论内容上,把马克思主义等同于历史唯物主义,或者说用历史唯物主义来表征马克思主义。用历史唯物主义来代替马克思主义,说明了在恩格斯那里,马克思主义最核心的内容就是关于历史领域的。当代得到普遍认可的关于马克思主义的理论创新就体现在唯物史观和剩余价值学说上,当然这是从整体上讲,因为马克思和恩格斯所关注和研究的问题是非常广泛的,涉及社会、政治、经济、文化等诸多方面。而且马克思主义的体系化和整体化也是马克思之后关于马克思主义理论的认知和反思层面上的分析。但是从对马克思和恩格斯的诸多研究文本中,可以看到,历史主义的视角,尤其是经济基础决定意识形态的视角是马克思和恩格斯的基本出发点,这种"历史的"唯物主义,也被恩格斯称之为"新唯物主义",这从恩格斯批判旧唯物主义的分析中可以非常明显地看到,"(新唯物主义)不再是哲学,只是世界观了"。这种新的世界观区别于之前所有世界观的根本就在于它是"历史的"。在《〈政治经济学批判〉序言》中,以及恩格斯的《第一分册》里面进一步表述了这种新世界观。为了进一步理清这种"历史的"

世界观,我们可以看一下,历史唯物主义和唯物主义历史观二者之间的关系。

可以说二者在内涵上是一致的,都是指马克思和恩格斯所创立的基于物质生产来考察人类社会历史的观点。生产力这一物质力量是根本决定因素,在这个物质力量基础上,形成了各种交往形式,而不同历史时期的交往形式又形成了不同的社会政治结构和意识形态,而要理解人类社会历史,就要从物质力量、交往方式、政治结构和意识形态的运动中去把握。这就是唯物史观的核心观点。唯物史观和历史唯物主义的区别在于:唯物史观是基于"物质"把握"历史",与基于"精神"把握"历史"相对;历史唯物主义是基于"历史"把握"世界",与"非历史"的认知世界的观点相对。这里要注意,物质观和历史观二者之间的关系问题,"唯物史观就是把唯物辩证法运用到历史观中",这是由列宁提出、斯大林给予机械化和固定化的一种观点,而我国最早也是如此的观点,但是从马克思和恩格斯的文本看,这样的观点是站不住脚的。因为马克思哲学的研究历史过程是从宗教到国家再到市民社会,从宗教批判到法哲学批判,再到私有制批判,从政治解放到人类解放。马克思和恩格斯先探究的是人类社会历史发展,而不是抽象的形而上学。从整体马克思主义角度来看的话,物质观和历史观是不存在时间先后的,二者是统一的,有"世界统一于物质"的世界观必然形成唯物史观,而从物质资料生产出发分析人类社会历史发展,自然是彻底的唯物主义立场。因此,要坚持马克思主义,首先必须坚持彻底的唯物主义立场。

其四,马克思主义理论是无产阶级引领工人运动,进行阶级斗争、制定斗争纲领和斗争策略的基础和依据。这一点,与把马克思主义等同于共产主义具有相通之处,就是注重马克思主义和工人运动之间的内在联系。在《法兰西内战》1891年版导言中,以及《论住宅问题》一文中,恩格斯就明确指出:"马克思主义是无产阶级斗争纲领和策略的理论基础。"[①]他认为:"马克思的主要要求——由上升到政治上独占统治地位的无产阶级以社会的名义占有全部生产资料——现在也成为了罗曼语各国一切革命工人阶级的要求。"②
表明,马克思主义就是要在通过占有生产资料的基础上实现无产阶级专政,
马克思主义所要实现的未来理想社会是通过革命斗争从而消除阶级及作为
阶级统治工具的国家的社会。"接近一定的具体的社会状况的第一步就是要
认识这种状况,根据它们的实际的经济联系来考察它们。……没有人比马克
思的《资本论》中更加'接近一定的具体的社会状况'了。"③这表明了马克思
主义是具有直接指导意义的理论,不仅仅是思想引领和道路指引,更是对现
实具体革命斗争实践具有方法论指导的意义。作为科学的世界观和方法论,
为无产阶级进行革命斗争指出明确的斗争策略和方法依循,而这也主要是
源自马克思主义并不是抽象的、空想的理论,而是源于具体、源于现实,对具
体的现实进行直接批判反思而形成的理论;源自马克思主义最鲜明的实践
性。因此,坚持马克思主义就要在具体的实践中运用马克思主义方法。

　　其五,马克思主义理论是无产阶级政党领导工人运动和无产阶级革命
的根本基础。马克思和恩格斯的理论不仅直接指导无产阶级如何进行斗争,
而且为斗争胜利后如何发展指明了方向和道路,是无产阶级政党进行革命
运动的根本遵循。在《〈人民国家报〉国际问题论文集(1871—1875)》序中,恩
格斯同样把马克思主义看作是无产阶级政党的理论基础。恩格斯在表明自
己并不把自己称作为社会民主主义者,而称作共产主义者的时候,指出:"对
马克思和我来说,选择如此有伸缩性的名称来表示我们特有的观点,是绝对
不行的。现在的情况不同了,这个词也许可以过得去,但是对于经济纲领不
单纯是一般社会主义的而直接是共产主义的党来说,对于政治上的最终目

---

① 《马克思恩格斯文集》(第 3 卷),人民出版社,2009 年,第 241 页。
② 《马克思恩格斯文集》(第 3 卷),人民出版社,2009 年,第 241~242 页。
③ 《马克思恩格斯文集》(第 3 卷),人民出版社,2009 年,第 332~333 页。

的是消除整个国家因而也消除民主的党来说，这个词还是不确切的。"①从这里可以看到，马克思主义不仅是无产阶级政党的理论基础，更是无产阶级政党进行阶级斗争的根本理论指导，包含了具体的斗争策略及开展斗争的方向和目标。在《国际社会主义和意大利社会主义》一文中，恩格斯写道："如果意大利的社会党人宣布'阶级斗争'是我们生活的社会中压倒一切的因素，如果他们组成为'以夺取政权和领导全国事务为宗旨的政党'，那么，他们是在进行名副其实的马克思主义宣传；……在这些政党中，没有一个党是不想夺取政权的，这正像其他政党，如保守党、自由党、共产党等等也想夺取政权一样。"②无产阶级政党所进行的阶级斗争必然是以夺取政权为目标的，只有真正实现无产阶级专政，才能实现人类的解放和自由。这里主要体现的是共产党作为工人阶级的先锋队组织与作为工人阶级革命斗争策略和道路指引的马克思主义理论之间的关系。

马克思和恩格斯的文本并没有直接论述群众、政党、领袖等相互之间的关系及与马克思主义的关系，但是他们关于无产阶级政党的一些研究和分析表明了马克思主义和共产党的关系。马克思主义作为一种思想理论体系是一种抽象的存在，而要实现它改变世界的理论目标就必须依赖于实践主体，而能够把马克思主义理论转化为现实力量的实践主体就是人民群众。这同人民群众是历史创造者的群众史观具有内在一致性，都表明了历史的发展离不开推动历史前进的人民群众的力量。但这个推动历史前进的"人民群众"并不是"量"的人民群众，而是由一个个现实的、具体的个人的实践活动构成的合力，这个合力才是真正推动人类社会发展进步的力量。进一步讲，这个合力在经济层面上体现为社会性的劳动，在政治层面则体现为由先进

---

① 《马克思恩格斯文集》(第4卷)，人民出版社，2009年，第449页。

② 《马克思恩格斯文集》(第4卷)，人民出版社，2009年，第504~505页。

生产力代表的阶级带领下的人民群众的集体。换言之，在阶级社会里面，群众是划分阶级的，一个社会的群众绝对不是同一个阶级，而是由不同的阶级构成的，人民群众作为一个合成概念，既包含了作为历史推动者的人民，是历史的创造者和主体，也包含着因某种力量而聚在一起的劳动人民。这种力量就是先进的生产力发展方向，作为先进生产力代表的无产阶级政党就成为人民群众中的天然构成部分，成为把马克思主义理论转化为物质力量的主力军。因此，要坚持马克思主义，就要坚持无产阶级专政，坚持无产阶级和人民群众之间、共产党和人民群众之间不可分割的血肉关系。

　　总之，通过对马克思和恩格斯文本中关于"什么是马克思主义"的一些相关论述的梳理，我们可以看到，他们在不同的文本里面用不同的方面来定义马克思主义。整体上讲，把马克思主义等同于共产主义，是从本质层面上对"什么是马克思主义"的描述性定义；把马克思主义看作是无产阶级工人运动的理论反映，充分注重了马克思主义的实践性和历史性；把马克思主义看作是历史唯物主义则是从最核心内容方面对马克思主义是什么的理解，凸显马克思主义的唯物主义立场和人类社会运动发展的理论主题；把马克思主义看作是无产阶级革命的方法策略及其理论基础，则是从作用和意义层面上对马克思主义是什么的论述，也可以说从阶级基础层面上表明什么是马克思主义；把马克思主义看作是无产阶级政党的理论基础，凸显了实践主体层面上马克思主义的现实性，也就是说马克思主义不仅仅是一种思想、一种理论，它的最终目的是通过无产阶级政党带领广大人民群众把思想、理论转化为物质性力量，从而真正地改变现实。恩格斯把他们的理论看作是不仅仅能够"解释世界"，而且还能够"改变世界"的理论，而"改变世界"就需要实践主体。所以马克思主义作为无产阶级政党的理论基础和思想引领，是通过无产阶级政党带领广大人民群众不懈革命和奋斗，从而真正实现"改变世界"的这一理论价值。

作为社会主义国家的马克思主义者,不仅仅是马克思主义的践行者,还是马克思主义的传承者和发展者,正如恩格斯对于马克思主义理论的意义,他不仅是马克思主义的创立者,更是马克思主义的捍卫者和阐释者,推动着马克思主义的不断发展和完善。在某种意义上,能够正确理解马克思主义,或者说能够认识真正的马克思主义,是真正"信"马克思主义的前提,而只有在"信"的基础上才能进一步"仰"。

如何准确认知和把握马克思主义,是一个基础问题,同时也是关键问题,对这个问题的梳理和分析具有一定的理论意义和现实意义。一方面,从理论层面讲,这是进行马克思主义研究,实现马克思主义理论不断发展的前提性问题,只有真正弄清楚什么是马克思主义,才能在正确的理解和认识基础上进行科学的理论研究,从而促进马克思主义理论的不断丰富和发展。事实上,马克思主义研究的过程就是探究什么是马克思主义的过程,"自马克思、恩格斯19世纪中叶创立马克思主义始,关于'什么是马克思主义'的争论,到今天都一直没有停止过。可以说,马克思主义自创立以来的发展进程,实际上就是不断追问和探索'什么是马克思主义、怎样对待马克思主义'的过程"[①]。作为科学理论体系,或者说思想体系,马克思主义从创立以来,在世界各国诞生了无数研究马克思主义的学者。不同的研究者从不同的角度、不同的立场、不同的目的等方面阐释和发展了马克思主义,形成了无数与马克思主义相关的流派,甚至一些马克思主义研究者都是基于反对马克思主义立场而进行的。

如何从诸多的关于马克思主义的研究中识别真正的马克思主义,这就要依赖于马克思主义理论的创立者马克思和恩格斯对他们所创立的思想的自我理解。马克思和恩格斯在文本中关于"什么是马克思主义"的重要阐释,

---

① 孙正聿等:《马克思主义基础理论研究》,北京师范大学出版社,2019年,第3页。

是准确和把握马克思主义的基础。到底什么是马克思主义，我们该如何认识马克思主义，通过上面五个方面的梳理，可以得出以下结论：准确认知和把握马克思主义，必须理清马克思主义和共产主义的关系，把共产主义作为根本目标；必须认清马克思主义和工人运动的关系，基于现实实践和人民群众相结合来理解；必须坚持历史唯物主义的基本观点和基本理论；必须坚持旗帜鲜明的无产阶级立场；必须坚持理论的功能和价值在于引领无产阶级带领广大人民群众通过革命和奋斗实现人类的自由和解放。

另一方面，从现实层面讲，只有解决了关于"什么是马克思主义"这一基础问题，才能真正推进和实现马克思主义大众化和时代化，推进马克思主义创新性发展，实现马克思主义中国化时代化的持续飞跃。马克思主义的生命力就在于与现实实际、与文化传统、与人民群众的结合，中国共产党带领中国人民百年奋斗的历史进程证明了马克思主义的强大生命力，但同时也深刻地意识到，只有用创新发展了的马克思主义理论来指导和引领中国革命和建设实践，才能不断取得伟大成就，实现革命和建设的成功。"马克思主义理论不是教条而是行动指南，必须随着实践发展而发展，必须中国化才能落地生根、本土化才能深入人心。"①因此，如何与现实实际相结合、如何与文化传统相结合、如何与人民群众相结合就成为实现马克思主义理论不断发展的关键所在，而要实现这些结合的首要问题就是弄清楚"什么是马克思主义"。恩格斯关于"什么是马克思主义"的回答为新时代深入研究马克思主义的基础理论问题，持续推进马克思主义的理论创新，深化马克思主义与中国实际、与时代课题、与民族精神、与传统文化的结合提供了思想方法的引领和指导。即马克思主义与共产主义、与工人运动、与历史唯物主义、与世界观理论、与共产党等的关系是马克思主义基础理论，只有在深入研究并弄清楚

---

① 《中共中央关于党的百年奋斗重大成就和历史经验的决议》，人民出版社，2021年，第66页。

这些问题的基础上,才能更好地把马克思主义与中国具体实际、中华优秀传统文化有机结合,持续推进马克思主义理论创新。这些也为我们思考如何实现"两个结合"提供了理论路径和具体结合点。

当然,恩格斯关于"什么是马克思主义"的重要论述具有时代性。这种时代性源自马克思主义自身的实践性和发展性,而且恩格斯自己也不断提醒人们在接受马克思主义的时候要注重它与现实的结合,马克思主义理论的实践性和发展性决定了我们必须用发展的眼光来认识它,必须用发展的眼光来学习和思考恩格斯关于"什么是马克思主义"的重要论述及其现实意义。

(二)恩格斯关于如何对待马克思主义的主要观点

如何对待马克思主义与对"什么是马克思主义"的回答密切相关,如果用一句话来概括恩格斯关于对待马克思主义的观点就是:马克思主义是发展着的理论。发展的基本原则就是把基本观点、思想、原理和具体现实运动、历史相结合。当然,在不同的场合,恩格斯对"发展"的具体表述是不同的,而这些不同表述恰恰是恩格斯把马克思主义基本理论和具体研究对象相结合的具体体现。这些不同的表述,也可以进一步帮助我们准确认知和把握马克思主义,科学对待马克思主义,对获得马克思主义真知等都具有重要的指导和启示意义。恩格斯关于"如何对待马克思主义"的一些论述主要是在他的通信中提及的,他对马克思主义的发展性的论述可以概况为以下几个方面:

首先,"我们的理论不是教条,而是对包含着一连串互相衔接的阶段的发展过程的阐明"[①]。这句话是 1886 年,恩格斯与弗洛伦斯·凯利–威士涅威茨基通过信件讨论关于《美国工人运动》序言的时候,提到的关于如何对待马克思主义的著名论断。在这里,恩格斯表明的是把理论和工人运动结合起

---

① 《马克思恩格斯选集》(第 4 卷),人民出版社,2012 年,第 586 页。

来,工人运动是变化发展的,在运用马克思主义来指导工人运动的时候,必须联系运动的现实情况,而且工人运动的一些具体经验也会反过来引导马克思主义斗争策略和斗争方法的运用。正如恩格斯在文本里直接表明的那样:"要获取明确的理论认识,最好的道路就是从本身的错误中学习,'吃一堑,长一智'。……特别是对于像美国人这样一个如此重视实践而轻视理论的民族……"①将作为阶级的工人联合起来进行运动是成功的唯一出路,而在这个道路的选择上,许多德国人就犯了把马克思主义理论教条化的错误。德国工人运动的成功经验不一定适合美国工人运动,而作为对德、法等国工人运动的理论反映的马克思主义也必须和美国具体工人运动现实结合起来,才能起到指导和引导工人运动的作用,如果把德、法工人运动的经验和理论认知直接嫁接过来指导美国工人运动,其结果可想而知。"所犯的每一个错误、遭到的每一次失败都是原来纲领中的各种错误理论观点的必然结果。"②因此,虽然不能企望美国工人一开始行动就完全了解德、法等国家制定出来的理论,但在总结经验基础上,把比较老的工业国家制定出来的理论和现实的工人运动结合起来确是当务之急。

这里关于如何对待马克思主义的阐述表明马克思主义作为指导工人运动的理论只有和具体工人运动结合才具有生命力,而这种结合的必然性也说明了马克思主义理论的历史性和现实性。这是和马克思、恩格斯把马克思主义看作是工人运动的理论反映的表述是一致的。作为工人运动的反映,来源于德、法等国家的工人运动的理论升华,对美国工人运动具有指导意义。但是这种指导并不是作为"唯一能救世的教条"直接拿来套用,马克思主义有它的运用范围和实践条件,当超出一定范围后就要和现实结合,实现理论创新,才能进一步指导实践,这是理论与现实二者之间的必然关系,也是马

① 《马克思恩格斯选集》(第4卷),人民出版社,2012年,第586页。
② 《马克思恩格斯选集》(第4卷),人民出版社,2012年,第586页。

克思主义作为科学指导思想的应有之义。

其次，"马克思的整个世界观不是教义，而是方法。它提供的不是现成的教条，而是进一步研究的出发点和供这种研究使用的方法"①。恩格斯对马克思主义的这一态度，接近于中国传统文化中"授之以鱼，不如授之以渔"的论断。根据恩格斯的这一论断可以推断得出：恩格斯表明了马克思主义依据时代所得出的一些结论和观点会随着实践的不断变化而发生变化，所以我们应该把这些结论和观点放到具体的现实中去理解和把握，只有这样才能认识真正的马克思主义。这是把马克思主义首先作为认识世界的知识体系来把握的，因此获得马克思主义真知，就必须区分两个层次上的马克思主义观点和结论，一个是一般意义层面的基本观点和结论，一个是具有历史性、时代性的观点和结论，也可以说是这个知识体系的基本立场、观点和方向，同这个知识体系的全部观点和理论。基于这一点，我们在对待马克思主义的时候就是要坚决坚持马克思主义基本层面的观点和结论，而对于历史性、时代性的观点和结论，就要同现实结合起来加以认识和运用。这可以说成为了后来马克思主义者继承和发展马克思主义的根本原则。

当然，不同的马克思主义者在对马克思主义基本层面的观点和结论的认识上有所不同，从 1895 年 3 月恩格斯致维尔纳·桑巴特的信中的讨论可以看出，从知识层面恩格斯把马克思关于剩余价值的分析和结论作为"进一步研究的出发点"，在立场层面恩格斯把马克思主义对资本主义经济的批判立场作为"进一步研究的出发点"，而关于价值的历史性的讨论，也说明马克思主义理论内容的每个概念范畴都具有历史性和现实性，都应该放到历史的视域中来认识。因此，对待马克思主义应是在坚持的基础上的批判发展，"科学社会主义基本原则不能丢，丢了就不是社会主义。同时，科学社会主义

---

① 《马克思恩格斯文集》(第 10 卷)，人民出版社，2009 年，第 691 页。

也绝不是一成不变的教条"①。坚持马克思主义的基本原则、基本立场、基本观点和结论是我们对待马克思主义的首要原则。当然,这个"坚持"是包含"否定"的"肯定",即在坚持原则的同时不能把原则机械化、教条化。

马克思主义作为知识体系,不仅告诉我们世界是怎样的,而且也提供了科学认识世界和研究世界的基本立场和方法,即马克思主义既是世界观也是方法论。恩格斯提及的关于马克思主义作为知识体系所提供的方法最根本的就是历史的方法,是把"历史"和"物质"结合起来的历史唯物主义方法。这种历史唯物主义方法与"非历史"的唯物主义,以及把唯物主义"标签化"的理解都不同。1890 年,恩格斯在写给保尔·恩斯特的信中开首提到的一句话,通过分析挪威小市民阶层与德国小市民阶层的区别,批评了保尔·恩斯特机械理解历史唯物主义,把对德国小市民阶层的看法嫁接到挪威的做法。在另外一封写给康拉德·施密特的信中,恩格斯更是直接批评了把唯物主义标签化,也就是用"非历史"的方法理解和运用唯物主义的做法,他说,对德国的许多青年著作家来说,"唯物主义"这个词大体上只是一个套语,他们把这个套语当作标签贴到各种事物上去,再不做进一步研究。真正的唯物主义必然是历史的唯物主义,必然是建立在现实的历史和社会存在的基础上的唯物主义。从上面的论述可以得出,恩格斯认为马克思主义提供给人们认识世界和解释世界最根本的方法就是历史唯物主义方法。

事实上,通过马克思主义哲学所实现的哲学革命,或者说创立的新世界观的角度,尤其是恩格斯在《反杜林论》中关于"现代唯物主义本质上都是辩证的,而且不再需要任何凌驾于其他科学之上的哲学了"②这一论断的阐述,以及在《在马克思墓前的讲话》中把"人类历史的发展规律"和"现代资本主

---

① 习近平:《在纪念马克思诞辰 200 周年大会上的讲话》,《人民日报》,2018 年 5 月 5 日。

② 《马克思恩格斯文集》(第 9 卷),人民出版社,2009 年,第 28 页。

义生产方式和它所产生的资产阶级社会的特殊的运动规律"①作为马克思一生中的两个发现,就可以看出,恩格斯对马克思主义核心内容和马克思主义提供给人们根本的认识方法和研究方法的看法,而这样的观点和他把马克思主义作为方法论的第三层意思是相关联的。

马克思主义不仅是作为世界观和方法论体系给予人们以认识世界的方法,马克思和恩格斯本身在思考世界所得出的关于世界和人类社会发展的观点和结论的过程中所彰显出来的方法,也是值得人们学习的。比马克思主义所得出的结论和观点更重要的是他们思考问题的方法和得出这些观点和结论的过程,用现在的表述就是马克思主义作为认识世界和改造世界的伟大工具,其价值和意义不仅仅在于告诉我们世界是怎样的,更重要的是告诉我们如何去认识和改造世界,而马克思和恩格斯思考世界的根本方法就是"批判"。这种"批判"同认知层面上的"怀疑"具有一致的内涵。

最后,马克思主义理论"是一种历史的产物,它在不同的时代具有完全不同的形式,同时具有完全不同的内容"②。这句话是恩格斯关于理论思维的表述,但同时也表明了他对待马克思主义的态度,就是要用历史的视角来理解和运用马克思主义,也可以说,历史在马克思和恩格斯的哲学视野下是解释原则。这里涉及的是如何看待历史唯物主义之于马克思主义的意义,也可以说是如何对马克思主义哲学进行定位的问题。在恩格斯看来,新世界观的核心和实质就是历史唯物主义,与之前的机械的、形而上学的唯物主义,以及唯心主义具有根本的区别。作为新世界观的历史唯物主义是以历史为解释原则来认识和解释世界,而旧唯物主义和唯心主义都是非历史,这里的历史不仅仅是时间上的展开,更根本层次上的是人的实践活动的展开,即历史的本质是现实的人的实践活动。在《马克思主义基础理论研究》一书中,孙正

---

① 《马克思恩格斯文集》(第3卷),人民出版社,2009年,第601页。
② 《马克思恩格斯文集》(第9卷),人民出版社,2009年,第436页。

聿从马克思主义所实现的哲学革命这一视角出发，对什么是马克思主义哲学，马克思主义哲学的核心是什么，以及如何概括和表述马克思主义世界观等问题进行了详细的论证。他的观点就是认为"马克思主义哲学的新世界观就是历史唯物主义"①。也可以说，马克思主义哲学并不是像旧唯物主义和唯心主义那样从抽象的概念逻辑上回答世界是如何存在的，而是在形而上学批判、宗教批判和政治经济批判的前提下回答"人类解放何以可能"。

因此，在马克思主义理论视域下，人的实践活动是最根本的，因为仅仅凭借抽象的概念和逻辑是无法实现现实的变革的，而现实的变革必须由现实的人的实践来完成。所以要形成对马克思主义的真知，就必须清楚理解作为马克思主义理论基础的"现实的人"及"现实的人"的实践。不仅如此，从马克思主义理论的核心和解释原则来讲，它所实现的哲学革命，就是以"历史"作为解释原则的世界观，革命性地代替"非历史"解释原则的抽象哲学。换言之，历史唯物主义并不是把唯物主义的立场和原则扩展到人类社会历史领域，而是"历史"是人们认识世界和改造世界最根本的原则，新唯物主义区别于唯心主义和旧唯物主义的根本点也在于"历史"原则。即使是把马克思主义哲学革命表述为从"解释世界"向"改造世界"的转变，也包含了实践是马克思主义哲学的理论内核观点，而对"实践"的解释和理解又离不开"历史"。实践是人们自己创造自己历史的过程，而历史的实质就是现实的人的实践，把实践作为马克思主义的核心观点，实质上就是把历史原则作为解释世界和改变世界的根本原则。

关于如何表述和定位马克思主义哲学，存在着辩证唯物主义、历史唯物主义和实践唯物主义三种表述，而且对这三者关系的认识也有不同。一直以来，人们都把马克思主义哲学等同于辩证唯物主义和历史唯物主义，随着 20

---

① 孙正聿:《马克思主义基础理论研究(上)》,北京师范大学出版社,2019 年,第 85 页。

世纪八九十年代我国改革开放进程的发展，国内关于马克思主义的研究不断深入，尤其是学术领域世界范围的开放，使得我们对马克思主义的认识也不断深化。实践在马克思主义理论中的重要性逐步彰显出来，实践唯物主义也越来越被学术界认可并用来表征马克思主义哲学，由此也产生了关于这三个概念关系的思考和讨论，例如杨耕在《马克思主义哲学基础理论研究》一书中的导论里面，就具体讨论了三者的概念溯源及其相互关系。他的观点是："实践唯物主义、辩证唯物主义、历史唯物主义不是三个不同的'主义'，而是同一个'主义'即马克思新唯物主义三个不同的称谓，是从三个不同维度反映了同一个世界观，即马克思主义世界观的特征。"①从这一结论可以看到，实践对于马克思主义的首要意义，因此必须从实践出发，才能真正理解和认识马克思主义，也才能获得马克思主义的真知。

三、中国共产党百年历史进程中的马克思主义观

中国共产党是马克思主义政党，马克思主义之于中国共产党是建制依循、道路指引、指导思想、行动指南，实现共产主义是马克思主义的根本价值目标，自然而然就成为中国共产党人不懈奋斗所追求的最高理想和最终目标。中国共产党成立以来的百年历程中，马克思主义也经历了从传入到中国化，再进一步深化融合，创新形成新时代中国特色社会主义思想的理论发展过程。党在革命奋斗不同历史时期，对马克思主义的认知和态度是不同的，换言之，马克思主义在党百年奋斗实践中扮演的角色及其所起的作用随着时代变迁而变化。整体上讲，可以从四个阶段和时期来阐明马克思主义信仰在中国共产党百年发展进程中的认知演变，或者说在百年发展历程中，中国

---

① 杨耕:《马克思主义哲学基础理论问题研究》，北京师范大学出版社，2017年，第48页。

共产党人对马克思主义、共产主义及马克思主义信仰的认知和理解经历了四个阶段。这四个阶段是依据中国共产党的百年奋斗历史进程和中国共产党核心代表人物的马克思主义观进行划分的。在历史发展时期上，可以分为：中国共产党成立初期—新民主主义革命和社会主义革命建设的探索时期—改革开放和中国特色社会主义建设的开创时期—中国特色社会主义进入新时代；在马克思主义理论发展上，可以分为马克思主义传入和宣传时期—马克思主义中国化的开创时期—中国特色社会主义理论的形成时期—马克思主义中国化不断实现新飞跃的时期；在中国共产党人形成的关于马克思主义的认知和理解上，可以分为共产主义理论、道路、思想—辩证唯物主义和历史唯物主义—思想导论、理论方法—理想信念；在马克思主义的地位和作用方面，可以分为道路引领—革命信仰—理论指导—思想引领和行动纲领。

（一）中国共产党早期先进知识分子的马克思主义观

马克思主义伴随着俄国十月革命的胜利传入中国，对于当时的中华民族和中国人民而言，是救亡图存的道路。中国共产党成立初期，马克思主义在先进知识分子的宣传和传播下开始和中国工人运动相结合，形成中国共产党早期知识分子的马克思主义观。这些早期知识分子的主要代表人物有李大钊、陈独秀、李达等，他们在传播马克思主义的同时，把马克思主义看作是救国救民的建制依循和道路指引。中国共产党的成立是马克思主义和中国工人运动相结合的伟大现实成就，当时的中国共产党人和中国人民对马克思主义的认知和理解还处于初级阶段，对马克思主义的研究和宣传，主要集中在知识分子阶层，而作为马克思主义阶级基础的工人阶级则是在具体的运动中逐步成长并开始认知和接受马克思主义的。这也决定了马克思主义传入中国后就具有在西方国家及俄国不同的命运。与中国广大工人群众运动的结合,是马克思主义自身的理论要求,也使得马克思主义成为中华民族和中国人民寻求独立和解放的现实道路。实践唯物主义认为,人民群众是历史的主体,思想和精神只有与人民群众结合,通过人民群众的实践,才能转变为现实的、物质的力量,从而促进人类社会的发展。

中国共产党和中国人民选择马克思主义具有历史必然性,这种必然性来自近代中国所处的历史境遇和中华民族追求复兴道路上的不断觉醒。帝国主义与中华民族的矛盾和封建主义与人民大众的矛盾是近代中国社会的主要矛盾,解决社会主要矛盾的根本出路就是革命——彻底的革命。但历史表明,无论是农民阶级还是资产阶级都无法承担起带领中国人民实现独立和解放的责任,其根源在于无法寻找到一条真正救国救民的道路,他们所选择的社会改造方案,都无法真正解决中国当时所面临的问题。早期先进知识分子从中国半殖民地半封建的社会性质出发选择了社会主义道路,认识到"只有用'阶级战争'和'无产阶级专政'的办法,才是改造现实世界的'对症之方'"①。

马克思主义刚刚传入中国,早期先进分子对于马克思主义的理解、阐释和宣传也存在着诸多不同,甚至在某些具体内容的解释上存在对马克思主义的曲解。但他们对马克思主义和社会主义之于中国的意义的认知是一致的,即把马克思主义看作是救国救民的道路,"无产阶级专政""与工人运动结合""共产主义""无产阶级革命"等是表征马克思主义的核心范畴。他们对马克思主义的诠释和解读,直接影响和制约着马克思主义在我国初期的传播及发展,成为早期中国共产党人和中国人民认知和理解马克思主义的根本遵循,也为马克思主义在中国的扎根、成长和结果奠定了基础。正如毛泽东对于马克思主义道路的认知,在他看来只有"激烈方法的共产主义,即所

---

① 中共中央党史研究室:《中国共产党的九十年》,党建读物出版社,2016年,第35页。

谓劳农主义,用阶级专政的方法,是可以预计效果的,故最宜采用"①。这样,早期先进分子最终选择马克思主义的科学社会主义作为改造中国社会的武器,选择走俄国十月革命的道路,并根据列宁的建党学说组建了中国无产阶级政党。从这个意义上讲,马克思列宁主义作为一种思想体系成为中国共产党建党之初坚持的根本原则和建制遵循。

(二)新民主主义革命时期和社会主义革命建设时期的马克思主义观

毛泽东思想在理论上丰富和发展了马克思主义,在实践中为中国革命和社会主义建设指明了道路和方向,成为中国共产党带领中国人民实现中华民族伟大复兴的根本指导。毛泽东结合中国革命和建设实际,创新性地丰富和发展了马克思主义,体现了马克思主义与时俱进的理论品格和以实践为首要观点的理论特征。他的马克思主义观奠定了马克思主义在治国理政实践中的根本指导地位,如果说中国共产党早期知识分子更多的是从救国图存这个角度来接受和宣传马克思主义的话,那么毛泽东则是从理论与实践相结合的角度把马克思主义作为根本原则和根本方法,在深入研究和运用马克思主义的基础上,推动马克思主义的中国化和民族化。虽然李达、李大钊等人也提出在中国走的社会主义道路是不同于苏联的和西方国家的社会主义,但并未就马克思主义与中国实际的相结合进行更多的阐释和说明。毛泽东思想作为马克思主义的有机构成部分,不仅继承了马克思、恩格斯、列宁等经典马克思主义作家的理论,更是把他们的理论与中国现实、中国传统相结合,创新性地发展了马克思主义,实现了马克思主义中国化的"第一次飞跃"。

从《实践论》一书的副标题《论认识和实践的关系——知和行的关系》就

---

① 《毛泽东文集》(第 1 卷),人民出版社,1993 年,第 2 页。

可以看出，毛泽东把马克思主义认识论范畴体系中的"认识与实践的关系"与中国传统文化范畴体系中的"知行关系"等同起来。在他看来，二者本来就是一个问题，只是在不同的范畴体系中对同一问题进行的思考。而且毛泽东提出"实践的观点是辩证唯物论的认识论之第一的和基本的观点"①的论断，由此确立了"实践"在马克思主义理论中的首要地位。虽然毛泽东更多的是从认识论层面，或者说认识和实践的关系上来强调实践的作用，但他的这一论断，不仅成为新中国社会主义革命和建设的方法论指导，更是中国特色社会主义得以建立的重要理论根源。

另外一篇作为毛泽东思想中关于马克思主义专门研究的文本就是《矛盾论》，从"矛盾"这一概念的表述上，就可以看到毛泽东一贯地用中国传统文化理念来阐释马克思主义理论的做法。他用"矛盾"这一范畴来表征作为辩证法核心的对立统一规律，阐明了事物之间相互区别、相互联系的，既对立又统一的关系。在毛泽东思想中，这样的表述还有很多，例如"帝国主义都是纸老虎""愚公移山的精神""反对本本主义""星星之火，可以燎原"，以及作为毛泽东思想活的灵魂的"实事求是"等，这些都可以看作是毛泽东思想中把马克思主义基本原理与中华优秀传统文化相结合的具体体现。作为马克思主义中国化"第一次飞跃"的理论成果，毛泽东思想所实现的"结合"不仅仅体现在概念和表述层面，更根本的是思想和理论层面上的结合，真正把马克思主义理论和中国社会主义革命建设实践结合起来，实现马克思主义在理论上的创新发展和在实践中的力量转化。"马克思主义必须和我国的具体特点相结合并通过一定的民族形式才能实现。……离开中国特点来谈马克思主义，只是抽象的空洞的马克思主义。"②这样的"结合"不仅为中国特色社会主义理论体系的创立和发展奠定了理论根基，而且也为马克思主义实

---

① 《毛泽东选集》（第一卷），人民出版社，1991年，第284页。

② 《毛泽东选集》（第二卷），人民出版社，1991年，第534页。

现新的飞跃提供了实践路径。

马克思主义中国化的不断飞跃并形成一定的创新性理论成果是一个具有必然性的过程。这个必然性一方面是源自马克思主义理论自身具有的与时俱进的理论品格，以及发展性、实践性、开放性等理论特征，这些理论品格和特征都决定了马克思主义理论的生命力就在于与现实结合，如果不与现实结合，就会成为机械的、抽象的教条，就会成为形而上学，而形而上学正是马克思和恩格斯所批判的。作为批判哲学的马克思主义哲学，形而上学批判是逻辑第一性的批判，马克思和恩格斯在批判黑格尔的"没有人身的理性"和费尔巴哈的抽象的一般人的基础上，从人与世界否定性统一的关系入手，论证了"现实的人"的实践作为人类社会本质的意义，实现了理论主题由"世界何以可能"到"人类解放可能"的转化。理论主题的转化是马克思主义哲学实现哲学史上革命性变革的具体体现，在理论主题的转变下，"非历史"的世界观转变为"历史"作为解释原则的世界观；以"解释世界"为目的转变为在"解释世界"基础上的"改变世界"；"现实的人"及其实践成为整个哲学体系的出发点，由此，"现实"就成为马克思主义理论生命力的来源。马克思主义传入中国后，与中国"现实"结合就成为马克思主义生命力的根源，而真正认识到马克思主义的理论本质并在实践中具体运用的就是以毛泽东同志为主要代表的中国共产党人。

另一方面，马克思主义中国化的必然性还源自中国革命和建设的具体实践。实践决定认识，近代以来中国革命和建设的历史是由中国共产党领导中国人民在中国大地上书写的，如何取得革命的胜利，实现民族独立和人民解放？如何进行社会主义革命和建设，实现民族复兴和人民幸福？这些问题都源自中国人民自己的历史，要回答和解决这些问题，就必须从中国自己的现实实际出发。中国共产党和中华民族需要马克思主义，但并不能期望从马克思、恩格斯、列宁等经典作家那里得到直接关于如何解决中国问题的答案,也不可能有这样的答案。即使是马克思发现了人类社会发展的规律,但是任何规律的具体显现和决定作用都受到现实的制约。所以从现实角度出发,也需要理论和现实相结合,才能真正解决现实的问题。毛泽东把理论与现实的结合比作"有的放矢","矢"指的是马克思主义,"的"指的是中国实际,只有针对中国现实的"的"发展了的马克思主义,才能成为解决中国问题的"矢"。

(三)中国特色社会主义发展视域下中国共产党人的马克思主义观

改革开放以来,中国进入社会主义现代化建设新时期。这个时期,以邓小平同志、江泽民同志和胡锦涛同志为主要代表的中国共产党人,结合中国发展现实,在实践中持续推进马克思主义中国化,创立了中国特色社会主义理论体系,实现了马克思主义在中国的新的发展阶段。"生产力是根本决定力量""经济基础决定上层建筑"等唯物史观的核心理论成为指引这个时期中国发展的根本力量。如果说社会主义革命和建设时期,中国共产党人更加侧重于在世界观和方法论层面上来运用和发展马克思主义的话,那么这个时期,中国共产党人则更加侧重于把马克思主义作为人类社会发展的规律性认识,运用于具体实践中并转化为现实力量,推动国家和社会的发展,实现中华民族由站起来到富起来的伟大飞跃,为实现中华民族伟大复兴和满足中国人民物质文化生活需要提供坚实的物质基础。

党的十八大以来,以习近平同志为核心的中国共产党人,把创新性发展和创造性转化作为增强新时代马克思主义生命力的根本途径,注重社会意识对社会存在的能动的、积极的反作用,在马克思主义基本原理同中国具体实际相结合、同中华优秀传统文化相结合的基础上,实现了马克思主义中国化在新的历史条件时的伟大飞跃,形成了习近平新时代中国特色社会主义思想这一伟大理论成果——创新性地回答了"新时代坚持和发展什么样的中国特色社会主义、怎样坚持和发展中国特色社会主义"①等一系列关于新时代社会主义建设、中国共产党建设的重大问题；提出了"江山就是人民、人民就是江山"②、党的初心和使命就是为民族谋复兴、为人民谋幸福③等一系列论断，进一步坚定了中国共产党的人民立场和人民观点；科学回答了"中国共产党是什么、要干什么这个根本问题"④，而且极大地丰富和发展了马克思主义唯物史观以及科学社会主义理论。新时代中国特色社会主义思想的创新性发展不仅体现在"以人民为中心"的发展思想方面，更重要的是体现在党对"理论创新"和"党的历史"的高度自信，以及这种自信对于中国特色社会主义伟大事业和中华民族伟大复兴的重要意义。

坚定的马克思主义信仰是党领导人民成功走过百年奋斗历史的"脊梁"和"支撑"。从辩证唯物主义讲，物质决定意识的同时，意识具有能动的反作用，"人民有信仰，国家有力量，民族有希望"；从实践与认识的关系讲，实践是认识的基础，认识反作用于实践，真理性认识能够指导实践取得成功；从唯物史观讲，社会存在决定社会意识，社会意识对社会存在具有能动的反作用；从国家和社会发展讲，经济建设是强国之路，文化是立国之本，"文化是一个国家、一个民族的灵魂"；从中国社会主义革命和建设的社会历程讲，坚定的理想信念是党领导人民建立社会主义新中国，进行社会主义革命和建设，进行改革开放推动社会深刻变革的根本精神力量。党的百年进程所实现的伟大成就和伟大胜利，归根究底是因为"只要一代又一代人为之持续努

---

① 《中共中央关于党的百年奋斗重大成就和历史经验的决议》，人民出版社，2021年，第25~26页。

② 《中共中央关于党的百年奋斗重大成就和历史经验的决议》，人民出版社，2021年，第66页。

③ 《决胜全面建成小康社会 夺取新时代中国特色社会主义伟大胜利——在中国共产党第十九次全国代表大会上的报告》，人民出版社，2017年，第1页。

④ 《中共中央关于党的百年奋斗重大成就和历史经验的决议》，人民出版社，2021年，第66页。

力,一代又一代人为此作出牺牲,崇高的理想就一定能实现"①。中国共产党和中华人民共和国的历史就是在这样的信念下锻造形成的,中国共产党人的精神谱系也是在这样的信念引领下铸就的。

人总是需要精神的力量,同样,人也总是需要信念的力量,坚定的信仰、信念、信心是一个人的"脊梁骨"。正如习近平总书记多次强调的,理想信念是中国共产党人的"钙",一个人缺钙会得软骨病,损伤的只是他自己的身体,而一个执政党如果缺"钙",也会得"软骨病",但造成的不仅仅是执政党自身"政治上变质、经济上贪婪、道德上堕落、生活上腐化"②,还会威胁国家和社会的稳定发展。因此,坚定的理想信念是引领一代又一代中国共产党人为中华民族、为中国人民而不怕牺牲、勇于斗争、不懈奋斗的根本精神支撑,贯穿于中国共产党百年历程中。

---

① 习近平:《关于坚持和发展中国特色社会主义的几个问题》,《求是》,2019 年第 7 期。

② 《中共中央关于党的百年奋斗重大成就和历史经验的决议》,人民出版社,2021 年,第 31 页。

第三章　马克思主义信仰养成的认知理论基础

　　对"什么是马克思主义""如何对待马克思主义"的马克思主义观的考察,以及对马克思主义理论和马克思主义信仰内在统一性的分析,都是从定性的角度来认知和理解马克思主义信仰,是从信仰客体角度来把握马克思主义信仰养成的过程。马克思主义信仰的养成不仅仅是理论问题,更是实践问题,如何在具体现实实践活动中养成马克思主义信仰,并成为马克思主义信仰的坚定信仰者和忠实践行者,还需要对作为信仰主体的人进行研究,探析实践过程中由认知主体转变为信仰主体的理论路径。一方面,认知主体是经验性和自然性的统一。自然主义承认外部世界的实在性,把人类认知看作是一个自然现象,认知主体自身也是一种自然的存在,而经验主义则把认知主体看作是具有理性推理能力的思维主体,并探究认知主体的内在结构和机制。基于二者的融合,我们应该从"最小化自然主义"立场来理解人类认知本质,在经验性和自然性统一的基础上认识认知主体,而认知主体的自然经验的融合性决定了理性自主是认知主体转向信仰主体的必由之路。另一方面,涉身理性为实现理性自主提供了理论路径。涉身认知的关键就是,把认知看作是一个身体与自然物理环境和社会文化环境进行不断互动的过程。人的认知是身体性、情境性、交互性和社会性的,因此基于理性自主的信仰养成过程也必然是基于生物性生命个体基础上,情境性、交互性和社会性的综合过程。

一、认知信念的产生和确定

信仰也称为信念,是认知研究领域中的核心概念之一,信仰与知识的关系决定了信仰的养成离不开认知层面上信念的确定,即确切相信的知识是树立信仰的前提,或者说,对认知信念确定过程的研究可以更好地理解能够转化为信仰主体的认知主体应该具有怎样的属性和特征。当代认知科学的产生和发展在一定意义上冲击了传统以定性研究为主的哲学认识论研究,却为研究认知主体的属性和特征提供了理论基础,尤其是认知科学研究中的经验主义和自然主义的争论,辨析了哪些才算是被确证的信念,又如何得到确证的信念等问题,从而表明了认知主体的属性和特征。

(一)经验主义和自然主义

经验和自然两个概念及其相互关系是分析认知研究中自然主义和经验主义的前提。传统认识论研究中,对于经验和自然的理解倾向于对立的关系,经验倾向于主体,具有主观性,与经验相联系的是认知主体的感觉、感知、观念等,而自然则倾向于脱离认知主体的客观性存在,与自然相联系的是客体、客观、实在等。因此,经验与自然的二分是传统认识论中一个重要特征。自然与经验虽然不同,但是二者的关系却并不是很明晰的,如康德的"自然是人类经验之和"的论述。杜威基于实用主义立场,分析了传统认识论中经验与自然的关系,在主观与客观之间寻找一条中间进路来解释二者的关系。他认为,经验与自然之间并非是对立的关系,而是相互连贯的。这种把经验与自然联系起来的观点,在认识论研究中体现为自然主义和经验主义的模糊关系。

相较于自然与经验两个概念之间的关系而言，经验主义和自然主义二者之间的关系并不是那么明晰。相比而言，从认知主体角度讲，经验主义试图把知识的产生和确证诉诸经验，把经验作为知识何以可能的根本所在；而自然主义则更倾向于一种方法论，即运用自然科学研究的实证方法来获取关于认识如何产生和确证的知识。罗素用一句话概括了经验主义的定义，即"一切综合性的知识都以经验为基础"①。虽然自然主义和经验主义具有立场和方法的不同，但是二者还是具有很多相同点的。另外，二者之间还交叉着一个实用主义。实用主义为自然主义认知研究奠定了理论背景，尤其是皮尔士和杜威的实用主义哲学，而阿曼德的无害的自然主义也直接来源于实用主义，"自然主义认识论对待规范的工具主义立场也是直接对实用主义理论的继承"②。而实用主义又可以说是经验主义的继续，是一种发展了的经验主义。因此，自然主义和经验主义在关于外部世界是否独立于认知主体这个问题上具有不同的立场，但是都承认这一外部世界所引起的感知过程的实在性。概言之，经验主义和自然主义，一个是立场，一个是方法论原则，同时具有相同的预设。基于这样的立场，在认识研究中，经验主义和自然主义的关系可以概括为以下几个方面：

首先，经验主义和自然主义的基础都是自然和理性的二分。对自然的理解不能离开对人类理性的理解，二者一直以来都是以对立面的关系出现在认识论研究中。理性表征的是认知主体的一方，而自然则表征的是外部世界、认知客体的一方。在人类知识发展进程中，对自然的理解，经历了有机论、目的论到机械论，再到蕴含理性的不断转变和发展。古希腊时期，人们把自然看作是具有灵魂和心灵的有机自然。近代以来，自然不再是一个有机生命体，而是一架机器，甚至连人都是一架机器。这与当前人工智能把机器看

① ［英］罗素：《人类的知识——其范围与限度》，商务印书馆，1989年，第592页。

② 丛杭青、程晓东：《自然主义认识论的实用主义承诺》，《哲学研究》，2005年第10期。

成是一个人,有类似的比拟,也可以看作是人类对于人之本质、人与机器关系的认识的转变。总之,自然和理性在认识论研究中是二分的,而经验主义和自然主义都建立在这样的二分立场之上。自然主义把知识看作是一个自然现象,并试图用自然科学的方法和逻辑来探究人类认知的本质,否定非自然的存在;经验主义认为人类知识的唯一源泉就是感觉经验,而且信念得以确证的资源和保证也是感觉经验。

其次,自然主义和经验主义的区别在于:自然主义是心理主义的,经验主义是反心理主义的。自然主义虽然在解释上坚持一元论,但自然主义一元论是把哲学解释的规范性还原为自然科学的描述性,这样就否定了认知研究中的哲学自主性;而经验主义则是哲学的解释和回答,是在哲学的概念范畴框架中的,只是在立场上坚持人类知识产生于感觉经验,是信念确证的根本。因此,坚持经验主义,能够保证认知研究中的哲学自主性。无害的自然主义的核心并不是把认识的合理性和信念的确证看作是认识产生的一个功能,而是坚持认识的合理性和信念的确证必然依赖于他们自身所包含的经验性内容的检验。可以说,无害的自然主义是传统的经验主义的继续,即坚持感觉经验是信念确证的资源和保证,经验是认识的来源。相较于自然化认识论中的替代论题和转换论题,无害的自然主义中自然主义立场会更加弱化。

最后,自然主义和经验主义在关于外部世界的实在性问题上具有区别。自然主义大多认为所有的事物都是物理性建构的,认识的合理性和知识的确证也依赖于物理性建构的认知系统;而经验主义则并不必然承认外部世界的实在性,把认知主体的感知加工过程理解为抽象的概念分析过程。"传统认识论把推理看作是必然的,而自然化认识论则认为推理依赖于提前对于外在世界的预设的特定因素特征的推理,归纳推理的可能性并不是来自演绎推理,而是来自具有很大偶然性和高度的环境建构性的知觉系统。"①因此,自然主义承认外部世界的实在性,并把人类认知看作是一个自然现象,而认知主体自身也是一种自然的存在。经验主义则把认知主体看作是具有理性推理能力的思维主体,并探究认知主体的内在结构和机制。无害的自然主义在外部世界的实在性问题上持有的这种立场,既坚持了自然主义作为研究方法来研究认知本质的有效性,也保证了认知研究中的哲学自主性,即自然科学研究方法是有限的。

自然主义与经验主义二者的关系是认识论研究中值得思考的一个问题,尤其是自然化认识论提出之后,关于认知的研究越来越依赖自然科学研究方法,对传统哲学认识论研究的自主性造成威胁。奎因提出自然化认识论,把认识论研究方向转向人们如何从感觉"输入"产生理论"输出"的心理过程,他反对传统认识论中的基础主义和先验主义,但仍然是经验主义传统的,"无论如何,经验主义的两个基本信念一直是无懈可击的,而且至今如此"②。奎因的自然化认识论目的是通过重构经验来挽救经验主义,可以说是一种极端的经验主义。从极端的替代论题到转化论题,再到极小化自然主义论题,哲学在认知研究中的自主性经历了否定之否定的回归,尤其是阿曼德的无害的自然主义,可以说是对皮尔士、杜威、内格尔等人的自然主义的一种继承和发展,而他们的自然主义与科学实在论是一致的。休谟哲学自身也体现了经验主义和自然主义之间的不可分割的关系,因为休谟哲学既可以称之为经验主义的,也可以称之为自然主义的。

传统认识论中的经验主义与自然化认识论之间,具有某种关联。奎因也直言,他的自然化认识论不仅是从经验主义传统中生长出来的,而且还是经

---

① Hilary Kornblith, Naturalism: Both Metaphysical and Epistemological, in *Midwest Studies in Philosophy*, XIX, 1994, pp.44-45.

② [美]奎因:《自然化的认识论》,《世界哲学》,2004 年第 5 期。

验主义认识论五个里程碑式发展中的第五个里程碑，目的也是为了通过经验重构来挽救经验主义。传统认识论中的经验主义的基本观点是知识和观念起源于经验，休谟的经验主义是最彻底的，他"力图找出其中最根本、最确定、能作为其他经验之基础的唯一本原的东西"①。与之相对，最一般意义上的自然主义的核心观点是，任何事物都是自然的一部分，都能够用研究自然的方法来研究并加以解释，由此，关于外部世界的解释都是一元的。这都表明了认知研究中自然主义和经验主义之间关系的不可分割性。

认知科学的发展对认识论研究的哲学自主性造成一定的冲击，能否保持这种自主性是关系哲学认识论研究合理性的关键所在，而且也对当前认知科学的发展具有关键作用。在自然化认识论的研究中，有这样一种立场，被称为无害的自然主义，也可以说是"自然化的极小化命题"或者温和的自然主义（即无歧义的、狭义的、改良的、后验主义的自然主义）。这种立场的核心就是要折中和融合自然主义和经验主义，进而融合自然和理性，为认识论研究的自主性寻求出路。他们主张，自然科学尤其是认知科学能够确认人类认知能力的界限，任何认知规范都必须与经验结论一致。认知心理学能够实现人类认知能力的优化，并探究认知能力发挥作用的最佳条件，但是认知科学不能给出以下划分，即在与认知能力一致的、所有可能的规范的哲学立场观点中，哪些观点适合于哪种科学事业。认知科学本身就是一个复合型研究领域，而哲学最初在认知科学的建立之初就具有不可替代的合法地位，在认知科学的发展历程中，也离不开哲学的批判和反思。"哲学对有关概念的分析及其特有的思辨和批判功能就可以为认知科学不同领域的实验设计和前提假设的修正提供重要启示，哲学也在认知科学研究纲领与工作范式的形成、研究进路的拓展中具有不可替代的观念性作用。"②

---

① 周晓亮：《休谟哲学研究》，人民出版社，1999年，第93页。

② 刘晓力、孟伟：《认知科学前沿中的哲学问题》，金城出版社，2014年，第6页。

(二)认知信念的确定需要经验蕴含

罗伯特·阿曼德提出的无害的自然主义坚持的是一种以弱化自然主义为自然化认识论辩护的立场。在阿曼德看来,"自然科学方法的有用性限于具有可观察性规则的原因和本质,以及观察到的特征,因为自然科学提供给我们唯一可靠的明确的方法，依据这个方法能够有效地形成一个关于这个观察的公共知识和公共理解"[1]。之所以称之为无害的自然主义,是因为既没有对传统认识论的研究构成根本性的威胁，也没有否定认知研究中哲学解释相对于科学解释的自主性；而自然化认识论中的替代论题和转换论题都对哲学的自主性构成威胁。

为了进一步说明无害的自然主义认识论的特点，阿曼德把无害的自然主义与经验主义进行了比较,这种经验主义指的是休谟、奎因等哲学家所提出的经典的和狭义上还原论的经验主义。在无害的自然主义中,经验所扮演的角色就是关于物理世界的知识的唯一资源。由于个体经验性质的知识的存在,哲学的解释和回答区别于自然科学的解释和回答,同时能够成为一个经验形式的理解和回答。换言之,哲学的解释和回答,既可以是经验的证实或证伪,同时,又与由典型的自然科学方法建构的科学解释和回答具有逻辑上的区别。无害的自然主义在运用自然科学方法的同时坚持哲学认识论的自主性,哲学并不排斥经验,即使是极端的经验主义哲学,也仍然具有哲学的自主性,并不能把它等同于自然科学。哲学与科学产生鸿沟的原因之一是先验与经验的区别,但并不是全部的区别,哲学的解释和回答及科学的解释和回答都可以是经验主义的。换言之,无害的自然主义坚持认识论研究的自然主义路径,并不否定哲学认识论的自主性,而这种自然主义路径就是融入

---

[1]　Robert Almeder, *Harmless Naturalism: the Limit of Science and the Nature of Philosophy*, Carus Publishing Company, 1998, p.143.

经验的哲学解释和回答。这种融入经验的哲学解释和回答又与休谟和奎因等哲学家提出的经验主义哲学具有不同性质。

无害的自然主义与休谟的经验主义是相对的，休谟的经验主义指的是，一个人是否确证地相信关于外部世界的知识，是一个人的信念或观念如何产生、存在的一个功能。对于休谟而言，"除非我们能够直接或间接地把我们关于世界的信念或信仰还原为它们由以获得的原初的相应的感觉印象，否则，这些信念就是没有意义的"①。阿曼德指出，休谟的经验主义的核心是把信念能够被还原为原初的与之相对应的感觉印象作为一个信念能够被确证的标准，而无害的自然主义则并不支持这样的观点，而且休谟的经验主义把信念的认识论合理性和确证看作是信念如何从感觉经验中产生出的一个功能，这样的观点也是无害自然主义所批判的。

由于对认识论自然主义的批判，现在唯一没有被否定的自然主义就是，把关于物理世界的所有陈述看作是能够以某种方式被经验检验的假说。依据这种立场的自然主义，真理或者假说能够被接受并不是依据这个真理或假说是如何产生的。假说是如何产生的是一个纯粹心理学问题，而假说的检验，证实或者证伪，在本质上则是由假说本身所包含的观察性结果的演绎和检验来决定的。虽然这种检验并不是唯一的方式，但是至少这种检验并不与假说所产生的过程之间具有可等同性。这就是无害的自然主义的观点，即经验性信念基本上是对象和特征中的信念，这些对象和特征独立于心灵，但具有因果地产生事件状态的功能。"任一对象和特征存在中的信念，不能根据他在感觉层次上的因果关系来确定的信念就不是一个经验性信念，进而也不是一个科学的信念。"②可以说，皮尔士的实用主义真理和意义观就是这种

---

① ［英］休谟：《人性论》，商务印书馆，1997年，第18页。

② Robert Almeder, *Harmless Naturalism: the Limit of Science and the Nature of Philosophy*, By Carus Publishing Company, 1998.p.145.

形式的自然主义。

皮尔士把确证的论题,由产生问题转换为结果问题,意义是真理条件的功能而不是信念产生方式的功能。一个被看作是假说的信念,能够潜在的或事实上引出被证实或证伪的可观察性材料,假说的确证就是能够得到或者将要得到这个假说所演绎性蕴含的,能够被证实或证伪的感觉经验材料的一个功能。这种立场的自然主义承认确证的假说演绎模型中所蕴含的最弱形式的演绎主义,这种演绎主义区别于与传统假说演绎模型相关的纯粹的演绎主义。依据纯粹的演绎主义,一个假说所蕴含的肯定的可观察的例子不能,而且也确实没有能够确证这个假说。这种最弱化的演绎主义正是无害的自然主义所赞同的。对于哲学解释与科学解释,在演绎主义这里并没有很大的区别,因为无论是科学解释还是哲学解释,都认为这个假说经验性蕴含的明确的可检验性都是必须的。所以被证实的假说都需要一些经验性的实例。因此,无害的自然主义的核心就是,一个假说要成为被确证的信念的一个必要条件就是,它必须以某种方式被假说自身的经验性蕴含所明确的确证。当然,肯定实例对于证实假说是不是必需的,以及我们应该从整体上还是非整体性上去解释我们的证实,这些问题都不影响我们坚持无害的自然主义这一立场。因为无论以上问题如何回答,都不会影响假说所蕴含的经验性结果的可检验性对假说的确证都是必需的这一立场。

内格尔(Ernest Nagel)曾明确指出,所有的知识都必须能够被检验,但这并不是说,要像自然主义的批判者所说的那样,认为"转变为经验性的"行为只能而且也必须依据世界的可观察的特征来描述。这种被检验的必要性也并不是像现在的物理理论所预测的那样,潜在的微粒和过程必须能够脱离宏观客体的可观察性而被逻辑的构造。这种被检验的必要性"确实意味着,除非假说蕴涵经验性陈述,不然,它对于提出的任务而言就是不充分。如果自然主义者抛弃了关于能够转变为经验性实体的假设,那就太随意了。他们抛弃这样的假设,要么是因为经验性实体无法建立,要么就是因为真实的证据并不支持他们,尽管支持与否并不是关键问题"①。无害的自然主义者认为,使一个信念成为经验性信念是这个信念是否自身蕴含了一些可公共检验的事件,以及对这些事件的可理解的感觉性状态,这些事件和状态的显现与否就决定了这个信念及由这个信念所产生的特征和客体能否被接受。例如,当人们睡觉梦到一些普遍的但又不具有直接可观察性的对象,并且形成一个关于这个对象的特征及它在世界中的作用的完整描述时,这个信念是否值得被理性地接受,就在于它是否存在一些能够唯一证实它的公共的感觉性结果。所以无害的自然主义,坚持的是信念所蕴含的经验性的确证,而不是信念的产生和形成过程的经验性描述,因此对哲学认识论的研究并没有构成威胁,"只是预设了我们可以把确证信念所蕴含的一些内在的演绎作为一个必要条件,这样为我们获得关于外部世界的公共的知识和理解提供一个有利的方法"②。基于无害的自然主义立场,哲学的解释和回答与科学的解释和回答之间的逻辑区别并不在于是否存在经验,也不是传统的先验与后验的区别,二者都是蕴含经验的,只是二者蕴含经验的方式、过程,以及经验确证的程度不同。因此,确证的前提是蕴含经验,即信念的确定需要经验蕴含。

西方的自然主义源于自然科学同其起源的对世界的宗教理解的斗争中,因此早期自然主义就是把自然对自身的理解摆脱神或者其他超自然因素。随着自然科学逐步脱离神学后,自然主义是指自然科学,不仅取代神学,而且也应该取代关于思想和合理性的哲学说明。20世纪的大多数哲学家都

---

① Robert Almeder, *Harmless Naturalism: the Limit of Science and the Nature of Philosophy*, By Carus Publishing Company, 1998.p.148.

② Robert Almeder, *Harmless Naturalism: the Limit of Science and the Nature of Philosophy*, By Carus Publishing Company, 1998.p.149.

拒斥对传统哲学问题给予经验科学的回答。他们认为，仅有经验科学和描述，不能够认识自然、社会和人类心理的全部，只有哲学能够阐明和确证科学理解的意义和有效性。因此，科学需要哲学来弥补理解自然和人类社会中的缺失，这样，自然主义就由拒斥超自然事物转变为运用自然科学语言，自然主义就由形而上学层面转变为认识论层面，为科学提供哲学规范的自然主义解释。之后，随着认知科学、进化生物学和神经科学等的发展，自然主义逐步被哲学家所接受，寻求用经验的研究代替哲学的研究，当自然科学和哲学出现冲突的时候，进行修改的应该是哲学。因此，才有了彻底的自然主义和温和的自然主义的不同立场。

彻底的经验主义坚持用经验科学研究取代哲学解释，而温和的自然主义则试图在哲学解释和科学解释之间建立某种关联。所以从一定意义上讲，所谓的无害的自然主义就是经验主义的一种温和形式。无害的自然主义把信念的确证看作是这个信念自身是否演绎的蕴含着可观察性事例，而这些事例的显现与否就决定了这个信念是否被接受。这样的自然主义必然依赖于假说演绎模型的基本预设，而假说演绎模型首要的就已经预设了，从这个信念所蕴含的有限的大量实例中推导出假说的归纳推理的有效性，而这就又会陷入休谟的经验主义对归纳法的质疑。为了避免休谟经验主义所面临的关于知识可靠论和因果论的困境，阿曼德认为，新的归纳法问题不再是假说所蕴含的实例能够证实假说的问题，而是哪些假说能够被其所蕴含的实例证实的问题。他的目的就是通过修改假说演绎模型来解决归纳法问题，这也正是古德曼《事实、虚构与预测》一书的立场。阿曼德通过否定"个人知识"来解释归纳的有效性问题。他认为，个人知识是一个矛盾的概念，知识具有公共可经验性，而个人经验都具有唯一性，所以所谓个人知识并不是真正的知识。与之相关的就是观察性资料在信念确证中的作用问题，以及如何平等地评价理论的问题，因为有的时候，同一个事例会同时证实或证伪两个相互竞争的假说。所以只有修正假说演绎模型,因为传统的假说演绎模型不仅没有为确证提供一个充分的标准,甚至也没有为确证提供一个必要的标准。

无害的自然主义试图把知识的确证问题看作是完全依赖于经验的,即假说中所蕴含的感觉性资料的检验,经验在无害的自然主义中扮演着获取关于世界知识的唯一资源的角色,这种立场的自然主义同杜威的自然主义的经验主义具有共通性。经验和自然之间并不是完全对立的,而是相互之间具有连贯性,自然是主体所经验的东西,而经验与自然的区别也局限于经验的范围内。因此,自然与经验的区别只不过是含混不清的、不确定的经验与条理化的、确定的经验之间的区别。当然,阿曼德并没有明确表明他把经验理解为与自然相连贯的主体与客体的相互作用,而且他对经验的理解更多的是强调经验的可感觉性,或者说是对象的可感知性。这就表明,认知主体要获得确证的信念,需要经验性事例的支撑,也决定了认知主体的信念确证过程是需要经验支撑的过程。因此,可以说,在信仰养成过程中的由知转化为信的关键就是经验性感受或资料感受性。

二、认知主体的演变和扩展

主体(subject)是贯穿于西方哲学始终的一个重要议题,但作为问题被明确提出却是肇始于近代西方认识论的研究。换言之,作为理性认知的主体产生于西方哲学的认识论传统中,并成为人类认知研究中的核心概念之一。传统意义上讲,理性是界定人类本质的一个明确特征,"人是理性的动物"这一命题充分显示了理性作为探究人类自身的根本意义。所以理性一直都是哲学的主题之一,对于人类认知之谜的探究更是如此。从传统认识论到自然化认识论、再到认知科学的产生和发展,理性都扮演着不可或缺的角色,而且也是每个哲学发展阶段走向困境后得以转折的关键所在。传统认识论到康德那里,以为理性划定界限的纯粹理性批判终结;科学哲学的研究最终以否定纯粹的、脱离社会和历史因素的人类理性而实现其后现代转向;认知科学的发展也因理性自然化的失败而求助于现象学,由此进一步融合了分析哲学传统与欧陆哲学传统。可见,探明理性是探明人类认知主体之本质的关键所在。

但是一直以来,人类认知研究中对理性的理解是模糊的。从苏格拉底、亚里士多德到康德,再到当代认知科学的研究,理性的内涵经历了从纯粹的抽象能力到建基于生物性身体,再到涉身理性的演变。同时,对于理性界限的界定也不断扩展,从大脑到身体,再到身体–主体及身体–主体–环境交互系统,人类对理性的所指越来越含混,因此对认知本质的探究也难有建树,理性和认知的研究陷入循环论怪圈。到底理性与认知主体的关系是怎样的,如何理解认知主体所蕴含的理性, 或者说如何从理性层面上来确定认知主体呢?

(一)理性的演变和扩展

何谓理性? 在不同的研究领域,理性的所指是有所不同的。在认识论研究中,理性主要指的是"一种从一些信念的真达到另一些信念的真的能力"①。而这种能力进一步解释为,人类在演绎、归纳、计算和其他较少形式要求的智力活动中显示出来的能力。柏拉图把它与情绪和欲望对立,亚里士多德则提出以功能为依据的内涵,把它视为人与动物的根本区别所在,但仍然继承柏拉图的对立内涵, 即有理性的和有情绪的或根据欲望和直觉来行动是相反的。因此,无论是理性主义还是经验主义,二者都是理性的,二者的不同是理性主义更强调理性推理的应用,而经验主义强调观察和经验。康德追随亚

---

① ［英］尼古拉斯·布宁、余纪元编著:《西方哲学英汉对照词典》,人民出版社,2001 年,第858页。

里士多德,把理性分为理论和实践两个部分,理性是关于信念的,实践理性是关于行动的,虽然二者领域不同,但二者是同一的,即"理性是从全称命题或先验认知推导特称命题的能力"。理性的英文 reason 翻译成中文,还有另一层意思,即理由或原因。当一个人完成一个行动时,往往要试图用某种存在来解释它或为它辩护,而这种用来为行动进行解释和辩护的存在就是理由。并不是所有存在都能够成为一个行动的理由,理由和它要解释的行为之间具有内在的必然联系,即因果关系,只有合乎理性的,与这一行动构成因果关系的存在才能成为理由。可见,理由的前提是合乎理性的,而合乎理性即合乎逻辑,"这种关于一般知性或理性的必然法则的科学……我们称之为逻辑"①。由此,可以对认知主体所蕴含的理性作如下界定,即理性是认知主体从已知合乎逻辑的获得未知或给予合乎逻辑的解释的能力。

理性是认知主体的能力,但是这种能力是不是人类所特有的呢?对这一问题的解答在人类认知研究的不同阶段是有变化的。古希腊时期的哲学家大都探讨宇宙为何存在以及如何存在等本体论问题,并没有把人类的知识作为认识对象进行研究,但是他们对宇宙本源的探讨所体现的理性观却是后来哲学发展的直接资源。按照亚里士多德的说法:"对人而言,合乎理智的生活乃是最本质的和最合乎本性的生活方式,因为理智同别的比较起来更合乎人性。"②由此可见,古希腊哲学家认为理性是人类的一种能力,而且是整个宇宙理性的组成部分。随着近代自然科学的独立和发展,古希腊这种纯粹的自然观和理性观逐步被机械自然观和工具理性观所代替,"理性是一种能够用于种种不同场合的通用工具","理性是一种天赋,是一种获得……理性规定人的本性,是按照它与永恒真理的相互关系"。③笛卡尔关于理性的这

---

① [德]康德:《逻辑学讲义》,许景行译,商务印书馆,1991年,第2页。
② [古希腊]亚里士多德:《尼各马可伦理学》,商务印书馆,1990年,第226页。
③ [法]罗狄—刘易斯:《笛卡尔和理性主义》,商务印书馆,1997年,第4页。

一段论述,集中体现了传统理性概念的特征,即抽象性和先验性。在认识论中体现得更为明显。近代认识论意义上的理性,主要是指人类在认识世界和获得知识中所依赖的推理,是人类所拥有的一种有条理的进行思考的逻辑思维能力,但是这种思维能力是与感性经验和肉体反应能力相对立的。认知主体的理性是抽象的,主要体现在以下几个方面:理性通常与范畴联系在一起;概念是本真的和非隐喻的;概念并不与身体有关;命题和陈述句是概念间相互独立的。

　　自然化认识论,尤其是进化认识论,充分认识到理性的身体性。在进化认识论者看来,理性是人这一生物有机体的必然成分,同时,理性也具有生物学的需要。理性并不是人类区别于其他生物的本质属性,而是生物进化的结果,其他生物与人之间的区别不在于是否有理性,而在于理性的程度,也就是说,理性是生物有机体所先天固有的成分,理性依赖于生物有机体。对理性的这一进化论解释可以解决理性的自我证明(self-justification)问题,即用理性的方式来建构理性自身及其有效性所面临的自我超越问题, 在认识论中是指关于知识的确证理论自身的确证性问题。对于进化论者而言,理性的终极根源既不是理性,也不是非理性,而是无理性,理性从无理性中产生类似于无生命中产生生命,由此,就可以解决理性自我证明问题。用进化的观点考虑理性,这样就把哲学与科学之间的关系颠倒过来了,即"传统的观点认为哲学是科学之科学,为科学提供规范的,但是进化认识论则通过把理性看作是进化的必然产物, 用自然科学的方法和理论来解决传统的哲学问题"①。但是这种理性观依然是建立在身心二元论基础上的,而且关注的理性的身体性仅仅是作为生物有机体的身体。然而人工智能的研究越来越表明计算主义认知的局限性,认知心理学的发展也向传统的大脑形成认知的观

---

① ［美］保罗·莱文森:《思想无稽》,何道宽译,南京大学出版社,2003 年,第 38 页。

念提出挑战。由此,更多的学者开始意识到心灵与世界的同一性,进而试图从"生活世界"来理解理性,这就形成涉身理性的观念。

涉身理性基于身心同一的立场,把人类认知和意识看作是人类大脑、身体和经验的本性。约翰逊对涉身理性进行了具体的阐释,在他看来:"我们的概念和推理都基于我们的涉身性,也就是说,它们是嵌入我们在世界中行动时身体的适应、操作和运行中的。"①根据涉身理性,我们的概念和推理都基于我们的涉身性,理性或推理是我们一出生就已经开始了,甚至更早,并且先于我们的学习和语言。因此,理性或推理主要不是依赖命题和语词,而是依赖于、根植于我们身体行动方式的理解和推理的形式。 所以我们的理性根本上是无意识的、隐喻的,"我们的心灵、记忆、知识、理性和逻辑等概念都是通过想象图式建基于隐喻来界定的"②。

通过与传统理性观的对比,我们可以把涉身理性观具体总结为以下几个方面:理性不是人类区别于其他生物所特有的抽象的思维能力,而是依赖于认知主体的神经生物系统、感知经验和日常生活体验的,是自然结构的有机部分;"理性并不完全是先验的,它是认知个体基于生活世界、与其他个体和环境相互作用过程中彰显自身的;理性并不完全是有意识的,我们的概念和推理大都是无意识的隐喻的"③。这样的涉身理性,事实上就是消除理性和自然之间的界限,建立一种理性和自然相互蕴含的认知主体。在传统观念中,理性和自然一直是对立的,理性代表认知主体,自然代表认知客体,但涉身理性主张认知主体和认知客体之间并没有明晰界限,而是相互蕴含的。

---

① Mark L.Johnson, "embodied reason", Gail Weiss &Honi Fern Haber, *Perspectives on Embodiment*, Routledge, 1999, pp. 81–102.

② Mark L.Johnson, "embodied reason", Gail Weiss &Honi Fern Haber, *Perspectives on Embodiment*, Routledge, 1999, p. 96.

③ 李淑英:《涉身理性:自然化认识论发展的契机》,《自然辩证法通讯》,2009 年第 4 期。

(二)自然的演变和扩展

自然(nature)这个词在希腊文中对称的词是 physis，最初的含义是起源、诞生。在早期希腊思想家中，"存在""自然"等基本术语还没有概念化，都是在最原始的意义上使用的，他们所理解的自然，是与"存在"同一的有机自然。古希腊时期，人们把自然看作是具有灵魂和心灵的理性动物，"希腊自然科学建立在自然界浸透或充满心灵(mind)这个原理之上。希腊思想家把自然中心灵的存在看作自然界中规则和秩序的源泉，而规则和秩序的存在使自然的存在成为可能。他们把自然界看作是一个运动物体的世界"①。文艺复兴时期的哲学家们对自然的理解与古希腊自然观不同，对于他们而言，"自然界不再是一个有机体，而是一架机器：一架按字面意义和严格意义上的机器，一个被在它之外的理智心灵，为着一个明确的目的设计出来，并组装在一起的躯体各部分的排列"②。随着科学与哲学的分化，到了近代，人们对外部世界的认知逐步发展，而"自然"这个概念也被应用于多个领域，并从多个角度来理解，作为"物"的集合的自然实现由目的论转变为机械论。由此，自然作为具有灵魂的有机体的观念消失了，取而代之的就是基于身心二分基础上，与人类理性相对的客观存在，即理性与自然对立的存在。

康德对自然这一范畴的理解基于他对认知主体的探究，一方面把自然看作是经验事物的总和，另一方面又指出这一自然是遵循先验的理性范畴所规定的规律。他把自然看作是经验的总和，表明自然中理性的渗透性，试图把自然和理性结合起来。但是这里的自然还不是蕴含理性，与理性同一的自然，虽然自然法则是理性所给予的，但是自然同理性之间还是分立的，也就是说，虽然自然必然依赖于理性所赋予的法则，但是这表明人类认知对象

---

① ［英］柯林武德：《自然的观念》，吴国盛译，北京大学出版社，2006 年，第 3 页。

② ［英］柯林武德：《自然的观念》，吴国盛译，北京大学出版社，2006 年，第 6~7 页。

是主体性参与的,这里的自然仅仅是自然现象,它只是人类的认识对象。事实上,在康德这里,自然概念的内涵还是与理性概念相对的,而且他的物自体在说明人类理性限度的同时,也表明了自然和理性的相对。康德的自然观是对近代以来的自然观的批判,是他的纯粹理性批判的必然结果,同他的认识论是一致的,但是他这里的自然与理性还是相互分立的概念。对自然概念的重构在于把理性渗透于自然之中,这种渗透并不是简单地把理性归为自然的一部分,而是把自然和理性看作是相互纠缠地存在于同一结构中。通过麦克道威尔对现代自然观的修正,我们可以理解如何把理性纳入到自然中,进而建构一个蕴含理性的自然概念。

麦克道威尔对现代自然观的修正,目的是解释主体与世界的关系,而他的哲学资源是康德的先天综合判断。在他看来,一直以来,哲学在心灵与世界的关系上,存在一个"忧虑",即最低限度的经验论与心灵的框架之间的冲突。传统上对这一忧虑的解决进路主要有两个:第一,与经验论断绝关系,这样我们就会选择融贯论或所予论。麦克道威尔认为,"融贯论牺牲了客观的外部限制,实质上就等于割裂了心灵与世界之间的关联,从而不可能真正地容纳经验内容。所予论把经验解释为基础性的所予,而这种所与的思想只是在我们需要确证的地方为我们提供了辩解"①,因而这种进路的探究也是徒劳。

第二,拒斥逻辑空间的二分。拒斥逻辑空间二分也有两种方式:一是绝对自然主义,将理性的逻辑空间看作是自然的逻辑空间的一个组成部分;二是膨胀的柏拉图主义,设定与自然完全分离的独特的理性空间。被迫在这两者间作出选择的原因在于,自然这一个概念所包括的领域都已经被科学规律所穷尽,包括感性在内的所有自然性的东西都已无法找到一个独特的概念来表征了。但是麦克道威尔认为这种观点是错误的,虽然他承认理性的逻

---

① [美]约翰·麦克道威尔:《心灵与世界》,刘叶涛译,中国人民大学出版社,2006年,第26页。

辑空间与通过自然科学的描述来确定事物的自然的逻辑空间之间的结构是不同的。但是他也认为应该拒斥自然的逻辑空间和理性的逻辑空间的二分，他对这种二分的消解是从康德的见解出发，即把经验理解为被动的感受性和主动的自发性，也是感性和知性之间的相互合作。外部事态根据这种相互合作可以被直接加以呈现，由此，这种意义上的经验，对于属于自发性的能力的运用，本身已经表现出具有概念性了。

自发性没有边界，不是限制，可以一路扩充至外部世界。也就是说，经验作为一种自然现象，其本身已具有概念性内容。这样，我们就可以理解自发性如何可能既是独特的，同时也是自然的。因此，这样一种经验就可以在信念的确证中扮演重要的角色。基于对经验的如此解释，麦克道威尔提出，我们可以通过对自然适度的修改获得一种正确的理论。它把"第二自然"看作是自然的一部分，从而修改自然观，以便可以更好地解释和把握以下事实，即主体与世界的关系呈现一种开放性。所谓的"第二自然"是渗透理性的自然。在他看来，之所以要修改自然观，是因为以前的自然观没有为人的理性的概念性能力留有应有的位置，实际上，应该把概念性能力包括在"第二自然"中，并使之成为认知主体获得关于世界的经验的必要条件。由此，自然是渗透理性的自然了，自然与理性二者是一种同一的关系。这样的自然观是一种消除二元论的自然观。基于这种自然观，认知主体自身既包含理性也包含经验，同样认知客体也不是独立于认知客体而存在的纯粹自然，而是蕴含理性的自然。

作为蕴含理性的自然，并不是独立于认知主体的，相反，认知主体是自然的一部分，无论是抽象的思维能力，还是具体的身体结构都必然蕴含于自然之中。由此，理性即使是传统理性观所理解的抽象的、先验的纯粹理性，也必然蕴含于自然之中。既然理性与自然是同一的，那么认知主体是理性还是自然呢？认知主体何在呢？

(三)认知主体的演变和扩展

在古希腊时期,主体被本体遮蔽,可以说是无主体的哲学。古希腊时期探究的主要问题是自然存在的依据,即本体论问题,个体的人对于自然而言几乎是可以忽略的,即使是与自然相对的存在也并不是个体的人,而是以城邦形式存在的社会的人。所以在古希腊哲学的探究中,作为个体的人是不存在的。总的来说,这一时期哲学的中心问题是在亚里士多德关于"第一哲学"的定义范围内的本体论问题,他们对知识的探究是与其自然观、宇宙观分不开的。他们并没有明晰划分主体与客体,人们面对的是"有""存在"本身,认识也是一种存在,但是近代哲学的看法却不同于古希腊时期了。

随着科学从哲学和神学中分离出来,人们开始意识到外在于人的世界的存在,开始意识到主体与客体的分立。因此,认识论问题,即我们如何获得关于外在世界的知识问题,也就成为哲学的核心问题。当认识论成为哲学的主要问题时,人们必然会意识到认识中主、客体的分立,并且认为这一分立是必然的,而主、客体的分立就带来认识主体与认识对象之间的超越性。所以人们对认识论的研究,更多是关注认知主体与外在世界之间的超越性,这种超越性就是身心二元论的实质,也成为近代认识论的基础。

作为近代认识论基础的身心二元论,虽然是由笛卡尔确立的,但是心、身二分的理论隐秘而曲折地从柏拉图哲学就开始了。在柏拉图那里,他不仅区分了灵魂和身体、理性和感觉,把二者对立起来,而且忽略了灵魂和身体、理性和感性的相互联系。"因为仅当灵魂与身体分离,独立于身体,获得知识才是可能的。"①在《理想国》一书中,柏拉图基于灵魂不灭立场提出了"学习即回忆"的论断,进一步阐明身体是人类知识的阻碍,"保证身体需要的那一

---

① [古希腊]柏拉图:《斐多篇》,王晓朝译,载《柏拉图全集》,人民出版社,2003年。

类事物是不如保证灵魂需要的那一类事物真实和实在的"①。身体和灵魂不仅是分开的，而且是对立的，身体是短暂的、错误的、世俗的，灵魂是永恒的、真实的、纯洁的。总之，灵魂是同知识、智慧、精神、理性和真理一方的，相对于身体有巨大的优越感，身体则距离永恒绝对的真理很远。从古希腊时期到笛卡尔时代，二元论的发展主要有两个方面的转变，一方面，二元论最终由宇宙的二分转变为人的二分，而且身体和心灵是完全不同的两个实体，并进一步确定为人的本质在于理性的思维本身；另一方面，在论证了身心的相互分离后，试图解决二者的统一，即笛卡尔并不否认灵魂和肉体、心与身既是有区别的，又是统一的。

传统认识论中的认知主体是精神性主体，这种精神性主体是由笛卡尔对"我思故我在"命题的论证而确立起来的。"我"作为认知主体，是最确定的存在，是一切存在的前提，而且"我"是一个思维主体，这一思维主体是"一种纯粹精神的东西，一种脱离存在的实体"②。由此，确立了传统认知主体的根本原则，即认识论中主体是一种精神性的认识主体，也就是说，笛卡尔从这一命题出发所确立的"我"是一个精神性的"我"，一个灵魂、一个理智、一个理性的存在，而不是物质的、感性的"我"。这条原则包括以下两个方面的内容：一是认识主体是有意识和自我意识的一种东西，"我"是能够思想的精神实体而不是物质实体，其他包括动物在内的自然物都不能思考，没有自我意识，因此不能成为认知主体。二是认知主体与认知能力是一体的，作为认知主体的"我"具有感觉、直观、想象等认知能力，并且这些认知能力是构成认知主体的思想的全部。虽然在笛卡尔那里，心灵是与身体相对的、独立性的实体性存在，但是认识主体却是一种精神性的主体，而不是物质的实体。

笛卡尔的精神性认知主体的确立是整个近代以来认识论研究的一个基

---

① ［古希腊］柏拉图：《理想国》，王晓朝译，载《柏拉图全集》，人民出版社，2003 年。

② 冯俊：《开启理性之门——笛卡尔哲学研究》，中国人民大学出版社，1995 年，第 52 页。

本出发点。虽然康德哲学对认知主体的探究与笛卡尔的主体性原则有很大区别,但无可否认的是"我思"也是康德哲学的一个核心概念。笛卡尔的精神主体性是传统认识论依赖的抽象理性基础的必然产物。把认知主体的存在看作是一种抽象理性的存在,而且坚持的是一种范畴理性,即理性是人区别于其他生物的根本方面。相对于传统认识论而言,自然化认识论可以称之为后笛卡尔式的认识论,之所以如此,一方面,它并未摆脱二元论的分析框架;另一方面,自然化认识论中认知主体并不是精神性的主体,更主要的是社会性、生物性和心理性相融合的认知主体。因此,认识何以可能的问题就转变为作为社会的、生物的和心理的认知主体如何与环境相互作用,从而产生可靠的知识问题。

当代知识论研究者试图克服近代认识论的主客二分、心身二分,以及理论与观察二分等二元论基础,弥合科学与哲学之间的鸿沟。所以认识论的发展从近代到当代,又出现了一次转折,并不是研究问题的转变,也并不是简单地向古希腊哲学的回归,而是融合当代自然科学,尤其是认知科学的相关各学科的研究成果,在古希腊时期的主客体相融的理念基础上,对人类的知识本性进行分析。胡塞尔的"生活世界"和梅洛·庞蒂"身体–主体"思想都从一定意义上扩充了认知主体的内涵。"主体的本质联系与身体的本质和世界的本质,是因为作为主体的我的存在就是作为身体的我的存在和世界的存在,是因为被具体看待的作为我之所是的主体最终与这个身体和这个世界不可分离。"①

事实上,认知研究中,主体一直被看作是理性的"寓所"。主体在认识论及认知科学的研究中不断扩展,随之而来就是对理性的理解也不断扩展,从大脑到身体,再到身体—主体以及身体—主体—环境交互系统。随着认知科

---

① [法]梅洛·庞蒂:《知觉现象学》,姜志辉译,商务印书馆,2001 年,第 511~512 页。

学的发展,认知主体变化可以表述为从表征主义向非表征主义的转变,而作为表征主义的有行为主义认知心理学、计算主义认知科学,以及作为认知神经科学发展过程中经典认知神经科学、涉身认知、延展认知等,行为主义认知心理学主张的是没有大脑的刺激反应模式;计算认知科学的核心是不注重大脑内在结构的信息加工过程;从经典认知神经科学,到涉身认知,再到延展认知,对认知负责的主体也由大脑,转变为包含大脑在内的整个身体,再到超出大脑和身体范围的整个环境。非表征主义的主要代表就是激进的涉身认知,他们认为负责认知的是非线性的认知动力系统。通过对不同流派对认知主体的不同分析,可以清晰看到,当代认知研究新进路的实质是扩展认知主体使其为认知负责,或者说扩展为认知负责的理性界限。从"意义不在大脑中"到"认知不在大脑中"已经非常明晰地说明信念的产生和确证是和外在环境直接相关的,信念是延展至外在环境中的。

(四)基于涉身性的认知主体

对涉身性的理解,一般都认为来源于胡塞尔的生活世界概念以及梅洛-庞蒂的知觉理论。涉身性概念的内涵在于情境中的身体及它与生活世界的交互作用。 对于涉身性概念而言,身体性是非常重要的一个层次,但并不是涉身性的全部,涉身性还蕴含行为、运动、交互作用等方面。[①]对于涉身性概念的理解,不仅包括以身体为基础的与生活世界的交互作用,还包括更广阔的生物学意义的、进化的、基于实践活动的和社会文化情境的。[②]事实上,涉身性的提出在于取消认知研究中的二元论。

---

　　①　Michael L. Anderson, "Embodied Cognition: A Field Guide", *Artificial Intelligence*, 2003, pp. 103–104.

　　②　Michael L. Anderson, "Embodied Cognition: A Field Guide", *Artificial Intelligence*, 2003, pp. 91–130.

涉身性集中反对身心二元论，因此涉身理性试图建立一种身心统一的理性观，即理性是人类大脑、身体和经验的本性。相对于传统理性观，涉身理性主要体现在两个方面：一是理性是基于身体的，即思想和推论都依赖于身体性基础，更主要的是，这种身体基础并不是身心分立的纯粹生物有机体，而是生活世界中的身体；二是"理性是世界结构的一部分，它们大都是无意识的、隐喻的和想象的"。①这种观点类似于古希腊时期把人类理性看作是宇宙理性的组成部分。

理性的身体性基础(the bodily basis of reason)。涉身理性的核心内容是指理性、推理和思维是基于身体的，而且对身体的理解改变了传统的立基于身心二元论的生物物理身体观，身体不是装载心灵的装置，而是一种能动的情境中的身体。涉身理性观认为，"我们的概念和推理都是基于我们的身体的，我们所能经验到的及如何感知我们所经验到的都依赖于我们所拥有的身体以及我们与所处的多样性环境相互作用的方式。正是通过我们的涉身的相互作用，我们才存在于这个世界上，并且通过我们的身体，在这个世界上理解并行动"。②

传统认识论把理性看作是规范的权威性基础，并把理性看作是抽象的、先验的纯粹理性。这种纯粹理性特别否定身体在认知过程中的作用，认为我们的概念并不直接与我们的身体相关，相反，通过证明与身体相连的感觉的可错性和歧义性来强调"纯粹"理性的观念。可以说，纯粹理性观并不完全否认我们身体的生理需求和欲望在信念形成过程中的影响，只是认为凡是被这些因素"玷污"的理性，已经不是理性了。

涉身理性观认为理性、推理和概念是基于身体的，但是这种身体并不仅

---

① 刘晓力：《交互隐喻与涉身哲学》，《哲学研究》，2005 年第 10 期。

② Mark L.Johnson, "embodied reason", Gail Weiss &Honi Fern Haber, *Perspectives on Embodiment*, Routledge, 1999, p. 81.

仅是生物有机体意义上的身体,更多的是处于生活世界中,能动地与环境相互作用的身体。对于理性的身体性基础的解释,需要弄清楚的是"身体性"这一术语在这个句子中的意义,这里就涉及理解涉身性的三个层次:[①]

神经生物学层次,即我们的经验、概念化和思想被认为是受制于神经系统的。在这个意义上,身体基础指的是神经机制及它们之间的相互作用。但是对意义和推理的身体基础的在这个层次上的一个充分解释从来不能仅仅由神经网络模型独立组成,我们必须避免把神经装置认为是简单的输入与输出的独立个体,我们必须把这些神经装置看作是与当在具体的情境中运作时的整个身体器官相联系的。

认知无意识层次,即我们的概念、句法机制,以及其他的认识结构的大部分都是自动的和无反思性的发生的。当然,我们能够有意识地思考和架构关于这些思想和语言的结构的普遍化。相对于大多数而言,我们的概念系统是在无意识状态下运行的,身体是这个水平的关键所在。因为我们的认知机制和结构都建基于身体经验和行为的样式之上,例如我们的空间和时间倾向,我们身体的活动样式,以及我们操作客体的方式等。隐喻、概念和推论都直接或间接地与我们的身体性结构相关。

现象学层次,这个层次的描述寻求的是我们意识到如何"感受"我们的经验,以及我们的世界如何揭示它自身。这种描述的一个重要任务是恢复我们的身体在我们所经验、感受和思考的事物中的一般的、潜在的呈现,目标是揭示由我们的涉身性所决定的经验的默许的、背景的范围。没有他们,我们就没有意义丰富的思想或任何种类的符号表达。由此可见,作为理性基础的身体是生物的、社会的和心理的综合。

涉身理性所蕴涵的身体观的主要内容是:身体是能动的主体,即身体既

---

① Mark L.Johnson, "embodied reason", Gail Weiss & Honi Fern Haber, *Perspectives on Embodiment*, Routledge, 1999, pp. 81–102.

是物理生理的,又是主动能动的认知主体,也就是说身体是含混的,具有双重属性,身体活动是最初的意识活动。身体即主体的思想在原初意识层面上消除了近代以来的笛卡尔主义身心二元论,"身体是处境中的身体,身体不是孤立的身体,作为意识活动主体的身体不是单纯的大脑,而是包含大脑在内的整个身体,是包含相关环境在内的身体活动圈",①身体的图式性特征,也就是说,身体的能动性活动是通过一个整体图式而展现出来的,梅洛-庞蒂明确指出,"'身体图式'是一种表示我的身体在世界上存在的方式"②;身体是动态的和进化的,身体不是静止的,而是实践过程中的身体。

总之,作为理性基础的身体,并不是身心二分基础上的身体,也并不仅仅是生物性身体,而是生活世界中与所处环境不断相互作用的身体,由此,理性就不可能是先验的、抽象的纯粹思维,而是在实践过程中显现的。理性的身体性基础是涉身理性对传统理性观重构的根本所在,其他的关于理性是无意识的、隐喻的,以及理性是进化的等观点都是身体性观点的进一步展开。

理性大都是无意识的、隐喻的和想象的。根据涉身理性,我们的概念和推理都基于我们的涉身性,理性或推理从我们一出生就开始了,甚至更早,并且先于我们的学习和语言。因此,理性或推理主要不是依赖命题和语言,而是依赖于、根植于我们身体行动方式的理解和推理的形式。所以我们的理性根本上是无意识的、隐喻的,"我们的心灵、记忆、知识、理性和逻辑等概念都是通过想象图式(image-schematically)建基于隐喻来界定的"③。虽然理性或推理是运用语言和概念来进行,但是我们的理性或推理并不直接依赖于我们的语言和概念,而是先于语言和概念的。我们的理性大多是隐喻的,依

---

① A.Clark,"An Embodied Cognitive Science?",*Trends in Cognitive Science*,1999(3).

② [法]梅洛-庞蒂.知觉现象学,姜志辉译,北京:商务印书馆,2001年,第138页。

③ Mark L.Johnson,"embodied reason", Gail Weiss &Honi Fern Haber,*Perspectives on Embodiment*, Routledge, 1999, p. 96.

赖于想象图式的。理性或推理的无意识性,还在于我们心智中的所思所想没有直接的知觉,我们即使理解一个简单的话语也需要涉及许多认知运作程序、神经加工过程。

传统认识论的理性观认为,概念都是本真的和非隐喻的,如果我们把道德上值得称赞的人称为强者,那么我们就没有清楚的表达,我们的任务是澄清混乱的语言,并且达到混乱的语言所运用的模糊概念的本真意思;而且命题和陈述句在概念间是相互独立的,即对于把握一个命题或陈述句的意义而言,我们只要清楚概念的意义以及与它们相关的语法规则就可以了,而不用探究其心理过程。由此,传统认识论的任务就在于对基本的认识论概念进行分析。

自然化认识论批判了概念分析的认识论研究,把理性理解为相对于特定目标的特定方法的有效性,即工具理性,把理性和合理性等概念看作是方法论概念。但是对于理性的工具主义解释是不充分的。建基于涉身理性,"道德上的强者"并不是语言的混乱运用,而是概念性隐喻,而且这种概念性隐喻也是涉身的,在他们看来,"道德上有力量的"这个概念建基于把物理的有力量的图示(mapping)运用于道德的推理和意愿领域。强和弱是我们身体所经验的东西,如果我们没有足够的物理的力量,我们不能提起特定的物体或完成特定的任务,那么我们对道德上有力量的理解便是基于这些经验的。如果邪恶没有强的力量,你便能够克服它,而如果邪恶是有力量的,它能够战胜你,把你打倒,使你"失败",以这样的方式,我们就可以理解道德上的强弱,而不用把它看作是语言的混乱运用。①在他们看来,没有任何独立于隐喻系统的理性或推理,抽象概念大多是隐喻的,隐喻是人类认知世界的方式,

---

① Mark L.Johnson,"embodied reason",Gail Weiss &Honi Fern Haber, Perspectives on Embodiment, Routledge,1999,pp.94-95.

是人类所有思维的特征。①

传统理性观一般与传统的范畴联系在一起，而想象的理性(imaginative reason)并不与传统的范畴联系在一起，而是与基本的(Radical)范畴相关。基本范畴与传统范畴根本上是不一致的，基本范畴包括许多不同的因素，例如标准的和非标准的。经常运用的基本范畴的例子是"妈妈"，对这一概念的标准理解是，从遗传学上讲可以称之为妈妈的人，但是这个概念还包括许多非标准的因素，例如继母、生母、养母等。所以在想象的理性观看来，我们不能从概念或命题自身中得出它们的意义，概念和命题通过它们以框架运作所设置的方式或他所包括在内的或多或少复杂的叙事中的方式来获得它们的意义。认知语言学的研究告诉我们，理性不可能完全独立于涉身性，我们大脑和身体的结构制约了我们可以建构的概念。我们大部分的概念都是建基于基本的经验，但是这些概念可以被运用于通过隐喻的运用来创造抽象概念，因此在抽象的概念性思想中，隐喻是无法避免的，而且我们的传统理性概念自身是建基于隐喻的。

涉身理性观表明，理性不是脱离认知主体的身体的纯粹的先验理性，也不是基于生物有机体的进化理性，而是处于生活世界中基于生物有机体的进化并含蕴于社会实践的涉身理性，通过与传统理性观的对比，我们可以把涉身理性观具体总结为以下几个方面：理性不是人类区别于其他生物所特有的抽象的思维能力，而是依赖于认知主体的神经生物系统、感知经验和日常生活体验的，是自然结构的有机部分；理性并不完全是先验的，它是认知个体基于生活世界、在与其他个体和环境相互作用过程中彰显自身的；理性并不完全是有意识的，我们的概念和推理大都是无意识的隐喻的。

涉身理性对传统理性观的重构充分表明了理性作为自然一部分的思

① G. Lakoff & M. Johnson, Philosophy in the flesh, The Embodied Mind and its Challenge to Western Thought, Basic Books, 1999.

想,特别是重构后蕴涵理性的自然,理性和自然是一致的。自然是渗透理性的自然,而理性也是具体的涉身理性。由此,重构后的自然概念和理性概念并不是传统认识论中相互对立的关系,而是同一的。所谓同一,本身有两个层次的含义,一是跨越时间的单一性,二是差异中的同样性,而这里讨论的自然和理性的同一在于自然和理性是同构的。也就是说,自然和理性二者之间的关系既不是整体与部分的关系,也不是不同事物之间的相同关系,二者从根本上讲是同一过程,理性的结构与自然的结构是一致的。

自然概念与理性概念的一致为认识论提供了发展契机,在新的概念框架下,规范与描述、先验与后验、事实与价值等都是"相互缠结"的。由此,自然化认识论所面对的规范性问题也自然而然的取消了,因为所谓的自然化,并不是用纯粹的描述性概念取代规范性概念,自然本身之中就具有规范。规范性问题中最主要的是理性自然化的问题,既然理性的逻辑空间是自然的逻辑空间的一部分,那么就不存在理性自然化的问题。因此,认识论的核心问题,即认识何以可能或知识及其确证的问题就可以建基于蕴涵理性的自然之上。经验这一概念在自然和理性同一的框架内扮演着重要的角色,关于信念的产生和确证问题,我们也就可以依赖于经验。这里的经验并不是传统认识论意义上的,外在世界刺激认知主体的感觉器官后在认知主体内部形成的观念或印象,而是先于感觉器官和外在世界的存在,是一切生物的认知得以可能的根基。

由此可见,涉身认知的关键就是,把认知看作是一个身体与自然物理环境和社会文化环境不断互动的过程。因此,人类的认知过程具有身体性、情境性、交互性和社会性。认知是信仰的基础,信仰的养成必然也要遵循人类认知的规律,即信仰的养成过程基于生物性生命个体的基础上,是一个情境性、交互性和社会性的综合过程。

第四章　马克思主义信仰养成的认知机制

　　根据信仰内容的不同,信仰也经历了自然崇拜、宗教信仰、理性信仰、科学信仰、政治信仰等几个阶段。马克思主义信仰有别于一般的宗教信仰,其根本特征是基于实践基础上科学性和革命性的统一,是科学信仰、理性信仰和政治信仰的统一。马克思主义信仰是信仰形态的马克思主义,马克思主义理论是知识形态的马克思主义,二者统一于马克思主义,马克思主义自身既包含解释世界的理论知识,也包含人类终极的精神归宿。因此,二者只是不同形态的马克思主义,在一定意义上,马克思主义信仰等同于马克思主义理论。基于个体认知视角,获得马克思主义理论知识和逐步树立坚定的马克思主义信仰是同一个过程。因此,要进一步深入把握马克思主义理论和马克思主义信仰的关系,需要对知识和信仰的辩证关系进行深刻分析。

一、获取知识和信仰养成的内在统一性

　　知识和信仰的关系一直以来都是哲学家关注的问题之一,但是对知识与信仰的关系的理解,还要依赖于对"信仰"这一概念的理解。一般来讲,"信仰"这一概念可以从两个方面来理解。一方面是"宗教信仰"中的"信仰",即"从宗教意义上来理解信仰,把宗教信仰理解为对某种宗教教条所接受的某

些信念"①。从这个角度讲,信仰似乎与知识无关,而仅仅是相信某种教条教义为真的心理状态,或者说是接受某种超越现实性的存在的精神活动和精神现象。宗教信仰未经怀疑的审察,从一开始就排斥怀疑,宗教信仰的信是一种绝对的毫无怀疑和反思的信,是源于对世界的无知和畏惧,因此宗教信仰的相信和接受,并不是建立在知识和反思基础之上的。另一方面是与"信念"(belief)相关的"信仰",这样信仰就成为知识基础的命题或陈述,正如柏拉图对知识下的定义,即"知识是确证的真的信念"。从这个角度讲,信仰就是知识,知识就是信仰,我们所获得的知识都依赖于我们的信念所接受的知识,即知识的获取来自特殊的基础信念。

对"信仰"概念的不同理解,决定了知识与信仰之间的关系也就不同。就马克思主义信仰而言,由于它与宗教信仰具有本质上的不同,所以更适合基于与"belief"信念相关的信仰来理解,即马克思主义信仰既具有一般信仰所具有的神圣性、超越性的特征,同时也具有知识的科学性和真理性。"自古迄今的人类信仰,按照形态大致可以分为三类,即以灵魂观念为核心,以自然崇拜、图腾崇拜、祖先崇拜为特征的原始信仰,以神的观念为核心,以诸神崇拜为特征的宗教信仰;以人自身为核心,以真理、主义崇拜为特征的哲学信仰。"②按照上面这种分类,马克思主义信仰非常明显是属于以真理为崇拜对象的哲学信仰。它所崇拜的真理就是马克思主义理论所解释的真理。马克思主义是建立在对资本主义现实的批判、对人类社会发展的反思、对人类社会发展规律的寻求基础上,具有客观性和必然性的知识体系。因此,马克思主义信仰不同于其他宗教信仰,是容忍怀疑并把批判作为生命力之源的科学的理性信仰。马克思主义基本原理学习的首要目标就是要弄清楚马克思主义所具有的科学性和革命性统一的根本特征,因为正是马克思主义理论的

---

① 江怡:《知识与信仰》,《光明日报》,2013 年 5 月 21 日。

② 冯天策:《信仰简论》,《光明日报》,2005 年 7 月 12 日。

根本特征决定了马克思主义信仰的根本特征，即马克思主义信仰也是真理性和批判性的统一。

知识和信仰的关系在不同的文化学术领域也有不同的讨论。在传统认识论中知识与信仰的关系体现为理性和信仰的关系，托马斯·阿奎那曾经把信仰看作是上帝的认识，而知识则是人的认识，由此认为信仰高于知识；洛克则认为信仰是有依据的意见，是从属于理性的，因此知识高于信仰。理性与信仰的对立关系也成为欧洲近代认识论理性主义与经验主义对立的一个表现，但是现实认识中却不存在脱离信仰的纯粹理性，也不存在脱离理性的纯粹信仰；在科学哲学研究中这一关系体现为科学与宗教关系，默顿的《17世纪英国科学技术与社会》一书不仅使他成为科学社会学的奠基人，也使得人们对科学与宗教的关系进行了重新认识。虽然一直以来科学与宗教是对立的关系，但现实中二者却是不可分割、甚至是相互促进的；在认知科学领域体现为认知与宗教的关系，最初的认知科学并没有涉猎宗教信仰，而是关注人类感觉经验。对宗教的认知研究，是伴随着认知科学研究的不断深入发展而开始的，并逐步形成宗教认知科学这样一个研究领域。所谓的宗教认知科学，就是把宗教信仰和人类认知联系起来，把宗教信仰看成是人类认知的一种特殊表现形式，运用认知科学中形成的关于人类认知的观点和方法研究宗教的本质和形成等问题。不同领域得到相同的结论，即知识和信仰是不可分割的，由此从个体认知角度讲知识的获得与信仰的养成二者之间是不可分割的同一过程。

基于这样的立场，可以从高校思想政治理论课，尤其是马克思主义基本原理的学习过程中来理解获得马克思主义理论知识和养成马克思主义信仰之间的内在一致性。青年兴则国兴，青年强则国强，中华民族伟大复兴的实现依赖具有坚定马克思主义信仰的青年，而高校则是培养广大青年树立坚定马克思主义信仰的主阵地，在这个主阵地中起到关键作用的就是思想政治理论课的学习。高校思政课学习目标是知识目标和信仰目标的统一,在准确理解和把握马克思主义理论知识的基础上,把理论知识运用于现实实践,最后转化为自觉遵循的内在的思维方式、行动指南和精神支柱,成为马克思主义信仰的坚定信仰者和忠实实践者。在思政课体系中,马克思主义基本原理在学习内容上更直接的与马克思主义信仰相关, 在信仰养成方面具有一些特殊性,因此可以通过分析原理学习过程中获得知识和信仰养成的关系,来认知学习马克思主义理论和养成马克思主义信仰二者之间的内在统一性。

(一)马克思主义基本原理的学习

思政课的学习和养成信仰的关系, 体现在思政课学习中的思想性和政治性的有机融合。原理课与马克思主义信仰直接相关,这种相关性体现在两个方面,一方面是从马克思主义的整体性出发,马克思主义自身既包含解释世界的理论知识,也包含人类终极的精神归宿,学习马克思主义理论知识,尤其是马克思主义基本原理,不仅仅是获得了关于世界的知识,把握了如何"解释世界",更重要的是获得了"改变世界"的思维能力和现实路径。因此,对马克思主义基本立场、基本观点和基本方法的学习,是养成马克思主义信仰的有机构成过程。

另一方面,原理课教材中第七章"共产主义崇高理想及其最终实现"的学习内容就是马克思主义信仰。要树立坚定信仰,前提是要弄清楚要信仰什么? 为什么要信仰? 第七章的学习就是要弄清楚为什么共产主义社会的实现具有必然性,为什么要信仰共产主义,共产主义信仰的内涵是怎样的,以及如何理解共产主义理想与中国特色社会主义共同理想的关系。只有理清这些,才能够在学习马克思主义基本原理知识内容基础上,实现从知识到信仰的提升和转变。由此,整个原理课的学习过程就是一个学习知识和养成信仰相统一的过程。从学生角度讲,原理课的学习就是一个由学习知识到养成信仰的过程。

思想性、理论性是原理课学习的根本要求。任何一门思政课都具有一定思想性和理论性，只是不同课程的思想性和理论性的具体展现方式不同。原理课的思想性和理论性一方面是指马克思主义理论是由一系列范畴和观点组成的抽象概念体系，另一方面，相较于其他思政课理论体系而言，马克思主义理论具有更强的概括性和解释力。理论的概括性越强其解释力范围越广，也就意味着理论的抽象性越强，越需要深刻的理性思考，这样的特性也决定了原理课在学习方式上的独特性。原理课包括马克思主义理论的多个方面，虽然从马克思主义整体性出发，不应该割裂学习和理解马克思主义理论的三个构成部分，但是必须承认，三个构成部分的学习方式是不同的，这也是原理课相较于其他思政课的不同之处。

哲学作为智慧之学，其意义在于思考和反思。正如冯友兰先生对哲学的定义，"哲学是对思考的思考"①。马克思主义哲学的学习目的也是在于理解马克思主义理论知识，真正把马克思主义确立为自己的世界观、人生观和价值观，即真正把马克思主义作为认识世界和改造世界时所佩戴的"眼镜"，因此哲学部分的学习注重的是反思。辩证法要学习的内容核心是联系与发展、矛盾、三大规律、五大环节等，这些内容所阐释的思想和方法是学生很多时候都已经在无意识地践行着的，这些内容对学生而言并不是很难理解，所以学习马克思主义唯物辩证法的关键在于如何由无意识的运用转化为有意识的应用，这样才能把辩证法真正作为认识世界和改造世界的根本方法。原理课的思想性和理论性，同哲学的反思性相一致，不仅仅是关于理论和知识以及方法的反思，更重要的是在世界观、人生观和价值观层面上的反思，关键是通过马克思主义哲学部分的学习，能够具有反思的意识和主动思考的能

① 冯友兰：《中国哲学简史》，北京大学出版社，2013年，第2页。

力,能够有意识地主动运用马克思主义哲学原理和方法论来思考问题。

政治经济学部分的学习注重的是在弄清楚马克思主义批判资本主义社会本质的逻辑进路基础上,阐明马克思主义政治经济学对建构中国特色社会主义政治经济学的价值和意义。当代大学生存在很多对马克思主义政治经济学核心概念和观点的机械理解,而这些机械理解也成为当前马克思主义过时论的主要依据。如何纠正对马克思主义的这些机械理解是政治经济学部分的学习所要解决的重要问题。马克思主义以历史为导向对资本主义社会进行分析,辩证地解剖了资本主义的特殊制度和信仰,虽然马克思关于资本主义社会的一些预言还未实现,但他透过现象对资本主义社会本质的批判确实具有科学性和真理性。

马克思主义并不是从抽象的概念出发,而是以简单的现实存在的商品作为切入点。在以私有制为基础的资本主义社会中,商品不仅仅是一件物品,而是无形社会关系的载体。商品具有交换价值的属性,是因为它蕴含了抽象形式的劳动,而这一抽象形式的劳动体现了特定生产方式的社会和技术关系,体现的是企业主和劳动者之间的关系,因此商品是资本主义社会关系的载体。劳动力商品的特殊性使得剩余价值得以形成,这就深入到了资本主义社会内部,蕴含剩余价值的价值就构成了资本,追求剩余价值就成为资本的本质。因此,让资本主义停止追求利润是根本不可能的。竞争、追求利润就会形成垄断,垄断有个人垄断、企业联合垄断、国家垄断到全球范围内垄断势力的形成和扩展,这样的过程就是资本主义社会运动过程,推动这个过程的根本动力就是私有制条件下商品经济的本质。从剩余价值到资本、资本扩张,再到垄断、危机,再到制度、社会,资本主义制度的本质及资本主义社会的运动规律就自然而然地显现出来。只有真正理解把握马克思对资本主义社会的批判逻辑,才能够消除对马克思主义政治经济学概念和观点的机械理解,从而真正理解马克思主义政治经济学理论的深刻内涵及其当代价值。

(二)学习知识和养成信仰的辩证关系

在原理的学习过程中,学习知识与养成信仰二者是内在统一的。首先,就二者关系讲,学习知识是基础,养成信仰是目标,二者相互依存。马克思主义理论学习是树立马克思主义信仰的前提,如果没有对马克思主义的真知真懂,就不会形成对马克思主义的真信和深信,就不可能树立马克思主义信仰。所谓"深知而与行合一"就是指,只有达到对马克思主义的深知,才能真正地把马克思主义作为自己的行动指南,才能树立真正的马克思主义信仰。因此,原理的学习过程中必须把马克思主义理论弄清楚、弄透彻,既要把握马克思主义理论体系的整体性,也要准确认识到马克思主义理论的继承性和发展性,要真正认识马克思主义,并且能够认识真正的马克思主义,形成马克思主义真知和深知,进而由知而行,形成马克思主义信仰。这才是学习原理的根本目标,不能仅仅停留在学习知识的层面上去讲授,而更多要深入马克思主义的思想性、时代性及其对现实和实践的引领性方面进行深入学习。

其次,从认知机制角度讲,学习知识到信仰确立需要一个过程。树立马克思主义信仰的过程实质上是在实践基础上把马克思主义由知识形态转化为信仰形态,进而在具体实践中把马克思主义由外在认知转化为内在行动,而这个过程需要循序渐进,不能一蹴而就。树立马克思主义信仰的过程,可以划分为"通过学习获得识、通过批判获得思、通过深知获得信、通过遵循获得仰、通过行动获得践"①五个阶段,这五个阶段具有递进的关系,前一个阶段是后一个阶段的基础,由此一环扣一环,实现马克思主义从知识形态向信仰形态的升华。而且马克思主义信仰的确立还离不开由上而下的社会层面

---

① 李淑英、邹巍:《马克思主义信仰养成规律和机制探析》,《东北财经大学学报》,2016 年第 4 期。

的外在机制,其中重要的一个方面就是自觉践行社会主义核心价值观,上述这些是树立坚定的马克思主义信仰的具体化过程。"一是要勤学,下得苦功夫,求得真学问。二是要修德,加强道德修养,注重道德实践。三是要明辨,善于明辨是非,善于决断选择。四是要笃实,扎扎实实干事,踏踏实实做人。"①这四个方面相互依赖、相互促进,勤学是基础,修德是保障,明辨是途径,笃实是目标,勤学、修德、明辨和笃实是自觉践行社会主义核心价值观的具体要求和实现路径,也是树立马克思主义信仰的具体路径。因此,树立马克思主义信仰需要有一个由学到信、再到行,由知识到价值,再到信仰的过程。

再次,学习知识和养成信仰内在统一性还体现在思想政治教育和意识形态建设规律上。在具体实践中开展思想政治教育工作要坚持"八个统一"②。这"八个统一"表明了学习思想政治理论课的要求和目标,同时也是进行信仰教育、树立坚定马克思主义信仰要遵循的根本原则和根本规律。依据"八个统一"规律,学习知识和养成信仰二者是内在蕴含在规律中的有机构成:政治性要求的是坚定信仰,学理性要求的是完善的知识体系,价值性追求的是社会主义核心价值观的自觉践行,知识性追求的是科学和真理,建设性是马克思主义的创新和发展,批判性是马克思主义信仰区别于其他宗教信仰的根本特征,理论性和实践性相统一实现的思想与现实、认知和行动的统一,灌输性是学习知识的必要手段,启发性是养成信仰的必要前提,学习知识是显性教育的主体,而养成信仰则是隐性教育的主体。由此,在思想政治教育过程中,学习知识和养成信仰具有内在统一性。

最后,从目标实现的角度讲,养成信仰是知识认知、情感认同和实践遵循

---

① 习近平:《青年要自觉践行社会主义核心价值观——在北京大学师生座谈会上的讲话》,《人民日报》,2014 年 5 月 5 日。

② 习近平:《用新时代中国特色社会主义思想铸魂育人 贯彻党的教育方针落实立德树人根本任务》,《人民日报》,2019 年 3 月 19 日。

的有机统一。养成信仰的目的是使信仰主体树立坚定的信仰,所以养成信仰就不仅仅涉及信仰内容的合理性和科学性,而且也与信仰主体自身的利益需求、价值诉求以及精神追求等密切相关,换言之,养成信仰的过程就是使信仰主体在学习基础上自觉遵循信仰内容并进行实践的过程。因此,养成信仰是知、行、意相统一的过程。按照这样的理念,实现了关于马克思主义的知识认知、行为遵从和情感认知的有机统一,就树立了马克思主义信仰。因此,虽然学习过程中知识获取是养成信仰的必要条件,但不是充分条件,要真正实现养成信仰的目标,还必须把马克思主义基本原理同中华民族 5000 年文明史、社会主义 500 年发展史、中国共产党百年奋斗历程,以及新中国成立以来党带领中国人民取得不断胜利的历史进程结合起来,要同各种社会发展现实实践结合起来,形成养成信仰的体系化整体。马克思主义基本原理相较于一般理论具有更强的思想性和理论性,因此更应该结合具体实践来弥补原理学习中所缺乏的具体性和现实性,在历史和实践相结合的视域下学习,从而深刻理解和把握马克思主义基本原理,提高在运用马克思主义分析问题、解决问题的能力基础上,有意识地进行自我革新和对外在世界的改造,真正将理论及其方法作为引导自身思维和行为的准则,只有在认知与情感的高度统一的实践中才能实现学习知识与养成信仰的内在统一。

(三)信仰信念和具体实践的统一

教师在养成信仰中起到关键的作用。马克思主义养成信仰并不仅仅是学习马克思主义理论知识,而是在学习知识基础上达到对马克思主义的知识认知、情感认同和行为遵从的高度统一,而在这个由知识到信仰的跃迁过程中,教师起着核心的关键作用,是实现这一跃迁的决定因素之一。教师既要把知识形态的马克思主义准确深刻地传递给学生,同时又要把坚定的信仰传承给学生,这就要求教师既要具有专业的知识,也要具有坚定的马克思主义信仰。

在信仰教育过程中，"身教"重于"言教"，信仰虽然以知识为基础，但能够树立信仰，则不仅仅依赖知识，还取决于能否让学生对他所传递的知识及其这些知识所蕴含的世界观、人生观、价值观形成认同，只有教师具有坚定的马克思主义信仰，才能言行一致，也才能通过"非符号化""非知识形态"的方式传承信仰，由此达到"其身正，不令则行"的信仰教育效果。但是当前我国高校思政课教学普遍存在着一些由授课教师引起的制约学习知识与养成信仰实现有机统一的因素，其中最主要的就是思政课教师学科研究背景和课程讲授内容的脱节。

科研和教学的关系问题一直都是大学教育的关键问题。由于我国马克思主义理论学科的发展现状决定了当前我国思政课教师的学科背景都非马克思主义理论，而是多元的（主要的学科领域有哲学、政治学、经济学、历史学等），这就会引起教师在追求学术研究和专注课程教学二者之间的冲突。毋庸置疑，从整体上讲，学术研究和课程教学是互增互长的关系，对某一方面和某一领域能够有比较深入的研究，在讲课过程中必然能够讲授得更加清晰准确，逻辑性也更强。但是思政课教学不仅仅是学术性和思想性的统一，还必须和政治性、价值引领相结合。

在实际工作中，大部分思政课教师投入科研的精力远远大于教学，一方面是因为教学成果的显现没有科研成果明确。思政课教学的目标是多元立体的，从知识、能力、价值观到信仰，从客观实践到主观意志，从自主发展、个性发展到全面发展，这就决定了思政课教学效果的显现是多方面的，而且具有历史性，尤其是价值观和信仰目标方面，根本无法用量化标准来评价。与之相对，科研成果的显现则非常直接明确，不仅能够量化，而且能够在有限的时间内进行明确的量化。整体而言，科研成果的评价体系相对于教学成果的评价体系更为完善，这是思政课教师把更多精力投入科研的主要原因。

另一方面，与成果评价相关的高校职称评聘体系中也存在着重科研轻教学的现象。高校职称评定评聘体系直接引导教师的行为方向，当前，高校职称评价标准中对教学的评定，更多的是依赖于教学量和获得的教学奖项，而评价教学效果的因素有很多都难以制定出合理的量化标准，例如师德师风、课堂教学效果、教学方法创新改革等真正体现教学质量的方面都无法量化。

总之，思想政治理论研究和教学效果是评价高校思政课教师的两个最重要的维度，体现了高校思政课教师发展的基本方向。思政课教师自身的信仰信念，也成为当前高校青年大学生是否能树立坚定的马克思主义信仰的关键所在。教育本就是信仰养成的重要途径，既是外在机制，也是内在自我意识提高的重要途径。除了学习和教育以外，更能突出信仰主体能动性的是批判性思维，即怀疑是马克思主义信仰养成的重要途径。

二、怀疑是马克思主义信仰养成的有效途径

树立坚定的马克思主义信仰离不开信仰主体的实践能动性，怀疑是主体发挥实践能动性的根本体现。从认知角度讲，怀疑是马克思主义信仰区别于其他宗教信仰的根本特征；怀疑是获得关于马克思主义真知的有效方法；怀疑是马克思主义由理论形态升华为信仰形态的必经之路；怀疑不是相对主义和否定一切的绝对主义，而是积极的、有界限的"中庸式怀疑"。因此，"中庸式怀疑"是树立坚定的马克思主义信仰的有效途径。通过分析信仰养成过程的诸环节，我们可以清晰地看到，每一个阶段都离不开实践主体的主体能动性的发挥。人们是通过身体与外在世界直接产生交互作用，从而发生认知和思维活动，生物性身体在人的认知过程中起到了基础作用，身体活动完成了初级的意识活动，而信仰是建立在初级意识活动基础上的高级意识

形式。由此,信仰的养成,同样重视信仰者能动或主动地涉身实践和与外在环境的交互影响。

在养成马克思主义信仰过程中,作为信仰主体的个体,应当充分调动和发挥人的主体能动性,从理论学习、社会实践和批判性思维养成等方面加强自我培养。信仰养成者在加深对马克思主义理论的理解,吸收消化其中的立场、科学方法论后内化为自己言行的规范原则,同时,也应该积极参与社会实践,在实践中实现对个人的自我革新和对外在世界的改造。同时,学会用批判性思考作为思想武器,反思并调整自己的思维模式和行为方式,最终实现信仰与人的有机结合和共同升华。总之,树立坚定的马克思主义信仰离不开信仰主体的实践能动性。

(一)怀疑是信仰主体发挥能动性的具体体现

在不同领域,怀疑的表现不同。在认知领域,怀疑表现为非确定性、否定的方面。在不同时期,人们对怀疑的理解及对怀疑论的态度也有所不同,但整体上都肯定怀疑对于人类认知的重要意义,"怀疑的最高礼赞乃是在其自身亦被诉诸怀疑之时,同时,那些保护它得以存在于各种条件又免受侵犯"①。这些著名的论断从不同层面上肯定了"怀疑"的重要意义,尤其是对于人类认知的重要性。不仅如此,"怀疑"在信仰的研究中,尤其是理解马克思主义信仰同其他宗教信仰的关系中也扮演着重要角色。

怀疑不是否定。传统之于现代,信仰之于心灵,是每一种文化背景下从事不同研究的人文学者们不可回避的一个主题。宗教乃至世俗价值领域是在认知方法和态度方面的怀疑精神,在相对主义和基要主义之间的思考立场。《疑之颂:如何信而不狂》一书中把怀疑解读为一种"中庸式的怀疑",认

---

① [美]彼得·伯格、[荷]安东·泽德瓦尔德:《疑之颂:如何信而不狂》,商务印书馆,2012年,第141页。

为真正的怀疑开始于启蒙时代对宗教的批判和摧毁，并认为摧毁宗教的工具是理性。从 19 世纪开始的实证主义及社会学都是对宗教的批判，再到 20世纪的宗教社会学领域以"世俗化理论"著称，都表明现代性、科学、理性等是对宗教的否定摧毁。世界目前的世俗化状况并没有因为现代性而使宗教信仰式微，反而有复苏之势。现代性导致多元化，多元化的结果就是多元性，多元性对个体和社会意味着"认知污染"即如果相互交谈，时间长了，就会开始影响彼此的思考。社会心理学研究者库特勒温、米尔顿罗克奇等人开创的实验情境中给出了个体层面的"认知污染"的证据，而且勒温还创造了"群体规范"这一概念来表征任何群体动力学过程所趋向的那种意见一致。他区分了个体层面和社会集体层面的多元化和多元性，即发生在个体层面称之为"认知污染"，发生在集体层面称之为"融合"。从多元性和多元化出发，所谓的"怀疑"并不是否定这种"认知污染"和"融合"，而是要意识到它们的存在，能够有意识地"摒除先见"。所谓"摒除先见"，可以说从苏格拉底到笛卡尔、培根，再到波普尔，都是要"摒除先见"以达到真正的认识，而"摒除先见"的具体做法就是怀疑。

什么是怀疑呢，怀疑不是相对主义，不是基要主义，怀疑是积极的，而不是消极的；怀疑是有界限的怀疑，而不是摒弃所有确定性的怀疑。如果把怀疑理解为摒除所有的确定性，就会导致盖伦所说的"缺乏行动能力的状态"，而能够实现"摒除先见"目的的"怀疑"是"中庸式怀疑"，即怀疑的目的不是否定，而是"宽容"。在这里，"宽容"既具有道德目标、诉求性，也具有方法论意义上的功能。"宽容"既是手段也是目标，就像自由对于发展而言，既是手段也是目标。在养成信仰的过程中，既有对他者的宽容，也有对自身的宽容。宽容性就是共享，就是道德合理性之所在，到目前为止，宽容性成为得到普遍认可的价值排序中的首选项，中庸的本质也是宽容。可以借用米尔顿罗克奇的工具价值观和终极价值观及其相互关系来理解共产主义信仰和社会主义核心价值观的关系。价值观作为"深层建构"和"信仰体系"与"行为选择"之间具有相互体现与依赖存在的性质和关系，马克思主义信仰作为知识与信仰的统一，它的养成过程就是对现实的主动性的接受和宽容的过程，在这个过程中，现实性是直接影响主体树立坚定信仰的因素。

现代性中凸显人的主体性，现代性意味着选择性。现代性发生了许多转变，其中一个就是从命运到选择的巨大转变。那么从命运到选择的现代性转换，如何影响我们呢？一是技术物质方面，这也是这一结构的核心部分，就是实践中介的开放性、多样性、可选择性。一是认知和规范方面，这也是关键的一个方面。德国社会学家阿诺德盖伦把选择被允许的领域称为"前台"，选择计划被预先规制的领域称为"后台"。两个领域具有人类学意义上的必要性，前台需要反思，而后台无需反思。前台和后台之间有一种平衡关系，现代性影响到这样的平衡：选择机会的增多导致反思行为相应的增加，赫尔穆德谢尔斯凯称之为"持久性反思"，"持久性反思"在个体和社会层面都存在，所以现代性正在遭受一种意识的饱胀之苦。如此多的现代人焦躁不安，也是源于选择性增多。前台转向后台是制度化，而后台转向前台则是去制度化。现代性扩展了前台，所以现代性趋于去制度化，而去制度化又被盖伦称为"主观化"，现代性就是充分发挥主体能动性的过程。为个体提供信仰、规范到身份整体包装的各种新型制度，盖伦称之为"次级制度"。

多元性对个体意味着认知污染，对社会意味着融合，在个体和社会层面都直接影响着宗教信仰。一方面，多元性提升个体在双重和多重的世界观之间进行选择的能力；另一方面，多元性的趋势改变了宗教在个体意识中的位置，也改变了制度机构以及这些机构之间的社会性特征。尽管多元性的相对化效果在社会范围内可以观察得到，但主要是要知道这些效果根植于"个体间微观的社会互动"，并且反过来也根植于一个关于人类的基本事实，即人是社会性的存在，其信仰、价值和身份在与他者的互动中得以产生和维系。

因此,多元性不一定会改变所信仰宗教的内容,但可能改变信仰的方式。从马克思关于共产主义社会的构想到新时代中国特色社会主义思想关于马克思主义信仰、信念、信心的表述,马克思主义信仰内容和信仰方式都发生了改变,关于这一点,可以从经典作家的马克思主义观和中国共产党百年历史中马克思主义观的演变体现出来。

马克思主义信仰与宗教信仰、世界观、价值观、哲学、道德与文化、意识形态、理想信念、理论知识、认知等的联系与区别进一步表明,马克思主义信仰是确定性和不确定性的辩证统一,或者说是实践基础上确定性和不确定性的统一。这一点源于多元性对个体的影响,既影响到信仰在个体意识中的位置,如果之前信仰是后台的话,那么现在就转到了前台。后台代表确定性的话,前台就代表不确定性。事实上,马克思主义信仰即使是在战争时期也是个体选择的结果,那么和平时期也必然是个体选择的结果,因此马克思主义信仰的确立是个体选择的结果,是养成过程、个体能动性选择的过程。战争时期与和平时期的不同在于养成马克思主义信仰的方式、方法、过程不同而已,并没有改变所信仰的内容,抑或说信仰的内容随着时代的变化有了丰富和发展,这是因为马克思主义本身就是不断自我完善、自我发展的理论,而不是静止的存在。

(二)怀疑是马克思主义信仰区别于其他宗教信仰的重要特征

马克思主义信仰区别于其他宗教信仰的最根本特征之一就在于马克思主义信仰注重批判,经历了怀疑的必要洗礼,而其他宗教信仰是不容怀疑的。经由怀疑、检视、审查的信仰才是理性信仰,才是科学性的信仰。经由怀疑洗礼,信仰才能由朴素上升为理性,由困惑变为坚定。作为信仰形态的马克思主义与宗教有共同之处,"马克思主义与基督教都谴责资本主义伦理,并共同分享公正、平等和社会团结等价值"①。马克思主义信仰区别于其他宗教信仰的独特性在于,马克思主义信仰是理性信仰、科学信仰,是基于实践的可实现的信仰,与之相对,宗教信仰是非理性的、非科学性的、非现实性的绝对信仰。理性、科学性、现实性都来源于实践主体的怀疑精神。"我必须以最大的理性精密性来追随这种权威。"奥古斯丁把他的生命完全献给哲学的追求,对他来说,这种哲学意味着关于上帝的知识,在奥古斯丁看来,柏拉图主义和基督教事实上是一个东西。所以从认知角度讲,怀疑是马克思主义信仰区别于其他宗教信仰的重要特征。

首先,马克思主义理论自身包含了对宗教的批判和否定。最典型的、代表马克思对宗教批判的,就是那句被广泛引用的"宗教是人民的鸦片"。在马克思看来,费尔巴哈对宗教的批判是不彻底的,只是把人从宗教中解救出来,但是人并没有获得真正的解放。马克思对宗教神秘本质的彻底揭露是通过对费尔巴哈的抽象的、一般人的批判来实现的,他的批判具体体现在他对"现实的人"的分析和批判过程中。"现实的人"这个概念首先由费尔巴哈提出并用以批判宗教的"人的本质的异化"本质,由此把哲学研究视域从神转向人。对于世界本体的认识,马克思坚持了黑格尔关于理性客观性的思想,在融合康德和黑格尔基础上,基于本然和应然的统一,提出了"人民理性"的概念。可以说,黑格尔的"绝对理性"是纯粹概念层面的,在原则上是属神的;而马克思的"人民理性"是基于现实的,在原则上是世俗的。虽然"人民理性"是现实的、客观的,但从整体上讲还是精神的、理论的自我意识,当"受到利益问题的困扰"的时候,必然要求与物质现实相结合,而这个过程就促使马克思从"自我意识"反思转向对"现实的人"的批判。在这个转变过程中,费尔

---

① [英]戴维·马戈利斯:《马克思主义与宗教——基督教与马克思主义的对话》,《马克思主义美学研究》,2014年第2期。

巴哈的人本主义唯物主义起到重要的作用,尤其是基于"现实的人"来重建"思维和存在的统一"的思想,使马克思从对自我意识哲学的"含蓄"的批判中清醒过来。马克思批判费尔巴哈的"现实的人"只认识到自然属性,而没有认识到"现实的人"是社会生活中的人。当然,费尔巴哈并不是没有认识到人的社会属性,只不过他是从量的方面来定义这种社会属性,即社会性的人类,与人之间是量上的区别,没有质的区别。马克思则从人之为人的本质层面来理解社会属性,也就是从现实中人与人的相互关系、相互作用中来理解这种社会属性,那么国家和社会就是人与人相互活动的结果。

马克思基于"现实的人"对黑格尔哲学及鲍威尔的自我意识哲学进行了彻底的清算,建立了以"现实的人"的实践活动为基础的唯物主义哲学,进而基于唯物主义立场彻底批判了宗教,揭露了宗教的异化本质。宗教的根源在于现实,"如果说神先前是超脱尘世的,那么现在它们已经成为尘世的中心。……宗教本身是没有内容的,它的根源不在天上,而是在人间,随着以宗教为理论的被歪曲了的现实的消失,宗教也将自行消亡"①。人不可能通过宗教获得自由和解放,人类社会存在的所有问题的唯一解决方案就是人类解放,通过对宗教和政治异化的否定和拒绝,并且以公共的方式组织他们的社会力量,人类的类本质才能得以显现。

其次,实践性和革命性是知识形态的马克思主义的根本特征,而实践性和革命性二者又统一于批判性,因此批判性也是马克思主义信仰的根本特征。这种批判性也就是我们所说的怀疑精神。马克思主义信仰经受住了怀疑的洗礼,是经由怀疑的监视审察的理性信仰。而宗教信仰未经怀疑的审察,从一开始就排斥怀疑,正如对信仰的定义"正是因为荒谬才相信",即宗教信仰的信是一种绝对的毫无怀疑和反思的信,而这样的信仰是源于对世界的

---

① 《马克思恩格斯文集》(第10卷),人民出版社,2009年,第3~4页。

无知和畏惧、敬畏的人类情感。

马克思主义信仰则不然，马克思主义理论是马克思和恩格斯从资本主义社会发展现实出发，在批判反思现实的基础上形成的科学理论，是有现实基础的，因此也就必然具有现实性。这个现实性也正是马克思主义信仰同其他宗教信仰的最显著区别。马克思主义信仰具有现实的指导意义，共产主义社会并不同于圣经里的天国，共产主义社会的到来是需要时间的，是具有现实可实现的道路的。而圣经里的天国则不然，只能指望于我们无法到达的来世。马克思主义是建立在资本主义现实的批判、对人类社会发展反思的基础上，对人类社会发展规律的寻求，是建立在客观必然性基础之上的。换言之，批判性是马克思主义信仰的立基之本。马克思主义信仰的内容是通过怀疑、批判得来的，它容忍怀疑，而其他宗教信仰不容忍怀疑，把怀疑看作是敌人，而马克思主义信仰则把怀疑看作是生命力之源。马克思主义哲学在一定意义上讲就是批判哲学。"什么也阻碍不了我们把政治的批判，把明确的政治立场，因而把实际斗争作为我们的批判的出发点，并把批判和实际斗争看做同一件事情。"①整个马克思主义哲学就是对资本主义社会的批判的哲学，是宗教批判、政治经济学批判、意识形态批判相统一的思想体系。

最后，不仅马克思主义的理论内容是在批判基础上形成的，而且马克思主义作为认识世界和改造世界的工具也是具有批判性的，即它是批判现实的工具。"哲学家不在于解释世界，而是改造世界"，改造世界的本质就是改变现实，就是对旧的存在的否定。"马克思的原创在于，他从所有这些来源中提炼出了一个统一的思想框架，将其打造成了社会分析和社会革命的有力工具。"②这段对马克思的评价，充分说明马克思的怀疑批判精神。对旧有理

---

① 《马克思恩格斯文集》(第10卷)，人民出版社，2009年，第9页。

② ［美］S.E.斯通普夫、J.费泽：《西方哲学史》，世界图书出版公司，2009年，第267页。

论的怀疑,是马克思创立新理论的基础。马克思主义信仰的主体是人,是人与自然、人与人、人与自身的关系的最理想状态的体现,其实现的根本途径就是人的实践。而宗教信仰的主宰者是上帝等神秘性的力量,人完全受制于这种神秘性的力量。

马克思主义信仰所具有的怀疑性区别于其他怀疑主义中的怀疑的根本之处在于其实践性,也就是说,作为马克思主义信仰根本特征的怀疑和批判都是基于实践的必然过程,并不是基于抽象的理性,也正是这种基于实践的怀疑,才使得怀疑具有现实性。如果没有现实性,怀疑就会陷入唯心主义和不可知论。总之,马克思主义信仰与其他宗教信仰的区别在于,马克思主义信仰是理性信仰、科学信仰、基于实践的可实现的信仰;与之相对,宗教信仰是非理性的、非科学性的、非现实性的绝对信仰。理性、科学性、现实性都来源于实践主体的怀疑精神。

(三)怀疑是获得马克思主义真知的有效方法

在树立马克思主义信仰的认知过程中,获得马克思主义真知是"通过学习达到识"和"通过批判达到思"两个阶段实现的,在这两个阶段,信仰主体的实践能动性体现为"摒除先见"和批判性反思。[①]"摒除先见"和批判性反思的根本方法就是怀疑,因此从认知角度讲,怀疑是获得关于马克思主义真知的有效方法。

在通过学习达到识的阶段的实践能动性体现在认知个体排除关于马克思主义的先在固有观念,对马克思主义及其理论知识进行系统认知,所以这个阶段的实践能动性表现为"摒除先见"。这里的"先见"既包括所谓对马克思主义理论的偏见,也包括对马克思主义理论的机械理解。虽然波普尔曾经

---

① 李淑英:《马克思主义信仰养成机制和规律探析》,《东北财经大学学报》,2016年第4期。

批判培根关于剔除偏见进行纯净观察而获得知识的观点是天真的，但这也正好从否定方面再次强调了"先见"对知识获取具有重要的影响，即"摒除先见"是获得真知的必要条件。在通过批判达到思的阶段，实践能动性体现在认知主体运用逻辑思维方法具体分析马克思主义及其理论知识中的合理性因素和不合理之处，形成对马克思主义的批判性反思。这种批判性反思，一方面是指马克思主义自身具有批判性特征，需要通过与实践相结合来认识，"我们的理论是不断发展着的理论，而不是必须背得滚瓜烂熟并机械地加以重复的教条"①；另一方面是指真正获得关于马克思主义的知识需要有一个学习—反思不断运动的过程。

"摒除先见"和批判性反思的根本方法就是怀疑。苏格拉底在与学生的对话中提出问题并声明自己没有答案，他提问的目的不在于学习信条，而是为了摧毁学生已经具有的各种关于辩论对象的知识，换言之，他提问的目的是清除学生大脑中已有的种种错误观念、先入之见和偏见。苏格拉底教导学生的过程就是把种种看似确定不疑的东西统统纳入到根本的怀疑中去。笛卡尔也把"将一切诉诸于怀疑"作为获得真理的一种认识论和方法论工具。怀疑的基本功能就是悬置，笛卡尔的怀疑一切实质上就是要把人类思想史上堆积如山的各种宗教教义和形而上学理论悬置起来。培根的"四假象说"则是苏格拉底式怀疑的继承和发展。培根认为，诠释"自然之书"的先决条件就是要抛弃假象，而所谓的假象就是指阻碍我们对现实获得正确认识的那种头脑中所具有的种种错误观念。这些假象或者说"虚假的意见""教条""迷信"及"谬误"以各种不同的方式歪曲着知识，所有这些假象都要诉诸系统的怀疑，才能得以摒除。

"苏格拉底-笛卡尔-培根的方法开启了一扇通往基础性的认知式怀疑

---

① 《马克思恩格斯选集》（第四卷），人民出版社，2012年，第681页。

的大门,这样的推论是站得住脚的。这种类型的怀疑实际上是指具有理性批判性质的一系列思想探索过程。"①怀疑的过程就是要把前人传递下来的信息悬置,甚至是删除和格式化,而怀疑的目的和意义并不仅仅在于悬置和删除,更重要的是为获取真理,所以作为方法的怀疑,不是目的,而是获得真知的前提和有效途径。任何一种科学理论都具有其时代性,而对任何一种科学理论的诠释也都具有其时代性。当一种理论超出其适用范围后,真理也会转化为谬误;任何脱离其适用范围进行的诠释和解读也必然是错误的。马克思主义也必然如此,既不会是适用任何范围的绝对真理,也不会是在任何时候都是正确的,不能把马克思主义机械化,也不能把马克思主义完全否定化。要运用怀疑方法,摒除关于马克思主义的偏见和先入之见,用批判性反思的方式从历史发展进程中认识和把握马克思主义。"马克思主义的全部精神……都要同具体的历史经验联系起来加以考察。"②对马克思主义形成的感性认识是获得真知的基础。

(四)基于实践的怀疑是马克思主义由知识形态升华为信仰形态的重要途径

通过遵循达到仰的阶段, 主体能动性体现在认知个体由思维到行动的转化,这个阶段是由理论到实践,由思想到行为的升华阶段,所以这个阶段是有意识地把思想转化为物质的阶段。这个阶段是整个过程中最重要的,也是最难的,其面临的主要困境就在于理论与实践之间的鸿沟,而这一鸿沟是先天的、是必然的。所以这一阶段的主体能动性的表现形式是最为根本的,就是主体意识,要意识到自己的主体地位,要意识到思维—行为的转化,要

---

① [美]彼得·伯格、[荷]安东·泽德瓦尔德:《疑之颂:如何信而不狂》,商务印书馆,2012 年,第108 页。

② 《列宁专题文集·论马克思主义》,人民出版社,2009 年,第 163 页。

意识到理论到实践的飞跃。最后,通过行动达到践的阶段,主体能动性体现在作为行为主体的选择性和能动性上,这一阶段主要是主体客体化的过程,是信仰确立的过程,所以这个阶段主要的就是"主体客体化",而实现"主体客体化"的前提就是批判性反思,就是基于实践的怀疑。

　　首先, 马克思主义是知识形态的马克思主义理论和信仰形态的马克思主义信仰的综合体。从知识到信仰,需要一个升华的过程,因为知识是关于世界的客观的真理,而信仰则是建立在真理之上,主体价值与客观真理的融合,或者说更加注重信仰主体的知情意的融合。知识的根本是客观性,真理的客观性——凡真理都是客观真理,决定了知识和信仰二者是相互区别的存在,因此由知识转化为信仰,就要对知识进一步反思,而这种反思过程就是基于实践进行怀疑的过程,而且也只有经过怀疑的过程,才能获得真正的知识。

　　其次,只有经过怀疑的过程,才能获得真正的知识,因此超越怀疑就是信仰的确定。马克思是"真正的怀疑论者,哲学家中的学者",他的思想是现实和具体的反思,而要达到理论目标,最根本的途径就是怀疑,怀疑之后的相信才是真正的相信,才能依循它而行动。马克思也非常看重怀疑之于思想和理论的重要意义,"他是否带来了主要的仪器,即一颗抱怀疑态度的有批判力的头脑,他是否使这颗头脑始终保持工作能力,我们是会看到的"①。不仅如此, 只有经历了怀疑阶段的理论才是真理,才能被实践主体相信并遵从,才能真正转化为现实的物质力量的存在,"理论只要彻底,就能说服人"。因此,从一定角度讲,信仰也是进一步深知的基础。

　　最后,现代性是怀疑精神的一种具体体现。在《判断力批判》中,康德将与摆脱迷信等同的启蒙作为思维方式中一个单纯的否定性契机展现出来。

---

　　① 《马克思恩格斯选集》(第三卷),人民出版社,2012 年,第 885 页。

在此，康德描述了一个对偏见进行纯粹否定性批判的简单的怀疑性实践——鉴于这一怀疑性批判是只破不立。可是，在怀疑性、表面性的启蒙仅仅攻击一个外部的敌人比如宗教、传统或者社会权力时，康德从他的角度把批判的需求带至真正的深刻程度上：通过将启蒙定义为"人类脱离自己所加之于自己的不成熟状态"，以自我批判（对个人或一个民族）给出了一个思维方式革命的原则，这一思维方式有能力与内在的敌人——每个人对自己奴隶状态的心甘情愿和自发的同意——相斗争。

马克思主义信仰的养成过程，从信仰主体自身出发就是一个自我由被动相信到主动相信（有意识地接受并遵从）的过程，这个过程所依赖的实现路径就是信仰主体的怀疑意识、批判思维和怀疑精神。所以从信仰主体角度上讲，基于实践的怀疑是把马克思主义理论知识升华为马克思主义信仰的有效途径。

第五章　树立坚定马克思主义信仰的实践路径

树立坚定的马克思主义信仰必须坚持由学而信进而行的实践路径。坚定理想信念是一个过程，不能期望一蹴而就，是世界塑造主体、主体改造世界的相互作用过程，是共产党员个体不断学习、不断实践的过程。"学而信、学而思、学而行，把学习成果转化为不可撼动的理想信念，转化为正确的世界观、人生观、价值观，用理想之光照亮奋斗之路，用信仰之力开创美好未来。"①马克思主义信仰的养成过程实质上就是在实践基础上把马克思主义由知识形态转化为信仰形态，在实践中把马克思主义由外在认知转化为内在行动。从对马克思主义信仰的养成过程的分析可以看到，马克思主义信仰的养成既是作为社会性个体的人的认知转化过程，也是一个现实的实践过程，因此要探究其养成规律，就必须依赖关于人类认知规律的知识及人类实践行为规律的知识。借鉴《礼记·中庸》中的为学之道，马克思主义信仰的养成过程可分为识、思、信、仰、践五个阶段。这五个阶段是具有递进关系，并且相互影响、不可分割的有机整体，实现每一个阶段的途径分别为：学习、批判、深知、遵循和行动。这五个阶段是马克思主义从知识形态到信仰形态的转变过程。

---

① 《习近平谈治国理政》(第二卷)，外文出版社，2017年，第50页。

坚定理想信念具有复杂的机制,可以从内在和外在两个层面来分析。内在机制主要是指,作为信仰主体的具体个人发挥主体能动性树立共产主义远大理想和中国特色社会主义共同理想;外在机制主要是指,信仰主体所处的生活世界(自然和社会的)各因素对坚定理想信念过程的影响和作用。作为新时代信仰主体的中国共产党人,要树立坚定的马克思主义信仰,就必须注重内在机制和外在机制的结合。

一方面,新时代中国共产党人坚定理想信念的内在机制,主要是发挥共产党人的实践能动性。通过分析理想信念确立的实践过程的诸环节,我们可以清晰看到,每个环节都离不开信仰主体的实践能动性的发挥。人们是通过身体与外在世界直接产生交互作用,从而产生认知和思维活动,身体在人的认知过程中起到了基础作用,身体活动完成了初级的意识活动。坚定理想信念,同样重视信仰者主动的涉身实践和与外在环境的交互影响。在树立共产主义远大理想和中国特色社会主义共同理想过程中,作为信仰主体的个体,应当充分调动和发挥人的主体能动性,从理论学习、批判性思维和社会实践等方面加强自我培养。中国共产党人在加深对马克思主义理论的理解,吸收消化其中的立场、科学方法论后内化为自己言行的规范原则,学会将批判性思考作为思想武器,反思并调整自己的思维模式和行为方式。同时,也应该积极参与社会实践,在实践中实现对个人的自我革新和对外在世界的改造,最终实现理想信念与人的有机结合和共同升华。

另一方面,新时代坚定中国共产党人的理想信念的外在机制在于构建从国家、社会、民族到个人的环境机制。人类的涉身认知基于一定的外在环境而形成,同样,信仰的养成也离不开一定的自然物理环境和社会文化环境。共产主义远大理想和中国特色社会主义共同理想作为一种理想信念,在其确立的过程中,社会文化环境的作用比自然物理环境的作用更为突出。这里的社会文化环境包括国家、政府、政治、经济、文化等外在影响机制。当今的中国社会面临理想信念的困惑,这与改革开放以来的社会文化环境变化、西方意识形态渗透、市场经济带来的拜金主义、贫富差距增大、学校和家庭的理想信念教育落后或缺失、虚拟网络流行带来的思想无序化等不无关系。可见,社会文化环境的优劣直接关系到中国共产党人坚定理想信念坚定与否,而且这种影响又是潜移默化的。因此,优化理想信念的外在社会文化环境,是坚定理想信念的必要前提。我国应该坚持大力提倡社会主义核心价值观,加强对社会舆论的引导,学校创新理想信念教育模式、加强社会主义经济建设、统筹经济均衡发展、加强对文化市场的管理等,通过构建外在完善的环境机制,来坚定中国共产党人的理想信念。

总之,新时代中国共产党人坚定理想信念是一个过程。对马克思主义、共产主义、中国特色社会主义信仰的确立和坚定是个人在革命活动和社会实践过程中,有意识地感知实践外部环境与精神内在认知的偏差,以批判性思考作为思想武器,反思并调整自己的认知、思维方式和行为模式的过程。共产主义远大理想和中国特色社会主义共同理想作为理想信念,自身也并不是一成不变的,而是不断在进行自我批判和自我革新的,只有在这样的过程中,新时代中国共产党人确立的共产主义远大理想和中国特色社会主义共同理想才能更臻完善。

系统地讨论树立坚定的马克思主义信仰可以从坚持"知信行合一"的知行观、不断提高信仰主体的理论思维能力,以及坚持运用马克思主义世界观方法论认识世界,把学习作为根本生活方式的终身学习观等几个方面展开。

一、坚持"知信行合一"的知行观

马克思主义辩证法是认识世界和改造世界的根本方法。从辩证法来看待信仰的养成,必须搞清楚"信"和"仰"的关系。"信"是"仰"是辩证统一的关系,"信"是"仰"的前提和基础,"仰"是"信"的方向和目标,实现"信"是到达"仰"的必要条件,"信仰"的养成实质是在达到"信"的基础上把"信"的内容在一定条件下转化为"仰"的内容的过程。因此,如何实现"信"到"仰"的转化,就成为信仰养成的关键。"信"是信仰养成的基础,如何达到"信",既是一个理论问题,也是一个实践问题。马克思主义是科学的理论体系,是对自然界、人类社会和人类思维的规律性认识,但是如何让人们相信马克思主义的科学性,这就要依赖人们对马克思主义信仰的学习和认知。"仰"是指导人们的认知的,是人们认知的目标和目的,当然,从"信"到"仰"并不是一蹴而就的,需要经历很多环节。

(一)"知信行合一"的理论内涵

"知信行合一"是习近平新时代中国特色社会主义思想中关于知行关系的创新性阐述,主要包括"以知促行、以行促知"①、"学思用贯通、知信行统一"②和"思想自觉、行动自觉"③三个方面。这三个方面是一个有机整体,从理论逻辑上讲,"以知促行、以行促知"是理论基础,这一论断坚持了"知"和"行"的辩证统一关系,表明"知"和"行"二者是不可分割、相互促进的。那么如何才能实现"促"呢?中间环节就是"信",即以"信"来实现相互促进的过程。这里的"信",在不同的范畴体系和语境中具有不同的内涵,从伦理道德角度讲就是诚信、守信;从认识论层面讲就是信仰信念信心;从方法论上讲就是自信、信任。正如毛泽东所说:"夫知者,信之先也,有一种之知识,即建为一种之信仰,即发为一种之行为。知也,信也,行也,为吾人精神活动三步

---

① 习近平:《历史使命越光荣奋斗目标越宏伟 越要增强忧患意识越要从严治党》,《人民日报》,2021年3月2日。

② 习近平:《坚持用马克思主义及其中国化创新理论武装全党》,《求是》,2021年第22期。

③ 习近平:《立志做党光荣传统和优良作风的忠实传人 在新时代新征程中奋勇争先建功立业》,《人民日报》,2021年3月2日。

骤。"①"信"连接了"知"和"行",是知行相互转化的根本途径,即"信"是从"知"到"行"的路径,也是"行"反馈"知"的途径。因此,要实现知行合一,就要依赖"信",而实现"信"的根本途径就是"思"。因此,"学思用贯通、知信行统一"是理论主体,这里的"思"就是指实践主体充分发挥能动性,在"知"的基础上做到"深知""真知"从而达到"信",能够在实践中做到思想自觉和行动自觉,主动地、有意识地遵循由"知"而"行"、以"行"促"知",实现知行合一。因此,可以说"思想自觉、行动自觉"就是"知信行合一"在实践中的具体体现,是新时代知行观的理论目标。

(二)"知信行合一"充分凸显了个体层面实践主体的能动性

知行关系问题是中国传统文化中的重要问题之一。早在《尚书·说命中》里就有"非知之艰,行之惟艰"的说法,此后围绕知与行的关系,一代代的思想家产生了关于孰先孰后、孰轻孰重的争论,并且形成了以王阳明为代表的"知行合一"观,即"知之真切笃实处,即是行;行之明觉精察处,即是知。知行功夫本不可离,只为后世学者分作两截功夫,失却知行本体,故有合一并进之说"②。中国传统"知行合一"中的"知"具有双重含义,一方面是"见闻知识",另一方面是"天德良知",而"行"的字面意思是"走在路上",引申为行动、活动、践行等含义。中国传统知行观基于"修身治国平天下"的理念,注重从伦理道德来分析知与行的关系,具有整体性思维的特征,但忽略了作为实践主体的个体的能动性。毛泽东知行观在强调实践起到决定作用的同时,存在着轻视理论、进而忽略掌握理论的知识分子的积极能动作用的倾向。

"知信行合一"的理念充分凸显了个体层面实践主体的能动性,既看到

---

① 中共中央文献研究室、中共湖南省委:《毛泽东早期文稿》,湖南人民出版社,2013年,第201页。

② [明]王阳明:《传习录》,文化发展出版社,2018年,第18页。

知与行的辩证统一,同时又把知与行的相互关系看作是一个过程性存在,而"信"则是这一过程的具体体现。在以"信"为中介的知行关系中,"知"和"行"的内涵都实现了融合性的创新发展,知与行既具有传统知行观"同一功夫的两面"的内涵,同时还包含"理论与实践相结合"的辩证唯物主义认识论观点,并且基于"信"把"合一"具体化、现实化。诚信、守信的核心是实事求是,信念、信仰强调的是意识的能动性,自信、信任强调的是联系和发展,因此这里的"信"既包括唯物主义认识论提到的中介环节,也包含"修身治国平天下"理念中一以贯之的整体性,把知行转化关系具体化的同时突出强调了这些中介环节实现过程中实践主体的决定性作用。

(三)"知信行合一"拓展了知行关系的视域

"知信行合一"的理念也拓展了知行关系的视域,凸显了"信"的重要性。在中国传统中,"信"是基于农业文明而被纳入伦理道德的三纲五常体系的,是中华文明的文化要素,而在西方文明传承中,"信"一方面是商业文明的产物,另一方面也是宗教信仰的核心理念。"知信行合一"中的"信"则是中华优秀传统文化和西方文明中"信"的理念的融合。王阳明的"知行合一"通过把知和行看成一个功夫的两面而消解了由知到行、由行到知的知行转化问题;辩证唯物主义认识论从实践与认识的关系入手,阐明了由实践到认识,再由认识上升为实践的辩证过程,但是这一过程的阐述主要是在认识论视域下的。

"知信行合一"的创新性发展之一就是把知行关系从伦理道德、认识论视域拓展到治国理政视域中,充分认识到知行转化过程中"信"的重要性,即自信、信心、信念、信仰在实践中的重要意义。"知信行合一"的理念要求我们在实践中要充分发挥主体能动性,遵循由"知"而"信"进而"行"的实践路径。"坚定的理想信念,永远是激励我们奋勇向前、克难制胜不竭的力量源泉。"知行转化从本体论上讲,就是精神变物质、物质变精神的辩证过程,在这个过程中,离不开实践主体的能动性,这一能动性在治国理政实践中,表现为党带领人民为实现中华民族伟大复兴而不懈奋斗。

新时代,以习近平同志为核心的中国共产党人,从多个视角多个维度深刻阐释了坚定理想信念对中国共产党、对中国人民、对中华民族的重要意义,这些维度包括历史和现实相结合、党和国家、个人和组织,以及正面和反面等。坚定的理想信念和信心是中国共产党人把人民对美好生活的向往转化为现实的直接推动力。坚定的信仰、信念、信心在治国理政实践中还具体体现为坚定"四个自信",不断推进理论创新和实践创新,积极推动构建人类命运共同体,构建中国特色哲学社会科学,实现中国优秀传统文化成果的创新性发展,为世界文明贡献中国精神和中国力量。这些举措的提出和实施,都是中国共产党人在建设和发展中国特色社会主义道路上,由知而信进而行的具体实践。

二、不断提高理论思维能力

恩格斯首次在《自然辩证法》一文中提出"理论思维"这一概念。他并没有在著作中明确给出理论思维的定义,但是从其文中的应用可以推断出理论思维这一概念的内涵。恩格斯主要是从哲学和自然科学、主观辩证法和客观辩证法、唯物辩证自然观和自然科学等的关系上来理解和运用理论思维这一概念的,因此概括地讲,在恩格斯的文本中,理论思维就是理论化的辩证思维,是与经验思维、形而上学的思维相对的思维形式。

(一)理论化的辩证思维

恩格斯关于理论思维的运用主要集中在《反杜林论》和《自然辩证法》两个经典文本中。在《反杜林论》中,恩格斯为了回击杜林对马克思的攻击,系统地批判了杜林的错误观点,也正是在这一过程中,恩格斯把马克思主义分为哲学、政治经济学和科学社会主义三个部分,并首次系统阐明了"辩证唯物主义和历史唯物主义是唯一科学的世界观和方法论"①,而且为政治经济学和科学社会主义提供了理论基础。通过对杜林错误观点的批判,恩格斯进一步阐明了辩证唯物主义自然观是建基于对德国唯心主义哲学,尤其是黑格尔唯心主义辩证自然观和历史观的批判。恩格斯在《反杜林论》中对理论思维的运用,主要体现在对杜林的错误观点进行批判的过程中,因此理论思维既包括理论批判和理论反思,也包括与经验自然研究相对的理论自然科学,其内涵指的就是从具体到一般、对理论进行反思的思维形式,即理论化思维。理论化思维可以说就是"运用概念的艺术",概念、判断和推理作为理性认识的基本形式是理论化思维的载体,自然科学发展到一定阶段后必然需要理论的总结和升华。恩格斯指出,19世纪的自然科学已经发展到必须进行理论总结和理论升华的阶段了,如何进行理论综合呢? 就是运用一些概念,而运用概念所依赖的"艺术"就是理论思维,并且"运用这些概念的艺术不是天生的,也不是和普通的日常意识一起得来的,而是要求有真实的思维"②。这里所谓的"真实的思维"就是由客观辩证法反映到人的头脑的主观辩证法,而由客观辩证法到主观辩证法的转化,就是借助概念这一载体而形成的理论思维,由此可见,"理论化思维"是"理论思维"这一概念的基础内涵。

恩格斯关于理论思维的直接论述集中在《自然辩证法》一书中。国内学界把《自然辩证法》看作是恩格斯在马克思主义理论中作出的重要贡献之一,认为它建构了马克思主义哲学的一个新领域。在恩格斯《自然辩证法》的基础上,形成了我们国家独特的一门学科——自然辩证法,并且在很多年内都是工科类研究生的必修课程。不仅如此,恩格斯的《自然辩证法》这部著作

---

① 《马克思恩格斯文集》(第9卷),人民出版社,2009年,第1页。
② 《马克思恩格斯文集》(第9卷),人民出版社,2009年,第17页。

还开启了关于人类思维的科学研究。在文中,恩格斯运用辩证思维总结概括了文艺复兴以来欧洲自然科学发展形成的伟大成就,阐明了自然科学和哲学的关系,即自然科学发展所取得的成就证明了辩证唯物主义和历史唯物主义的合理性及产生的必然性,而辩证唯物主义和历史唯物主义又为自然科学的发展提供理论基础和科学方法,忽略或蔑视唯物辩证法的自然科学家必然会受到惩罚,并且直接阐述了客观辩证法和主观辩证法之间反映与被反映的关系,形成了体系化的唯物辩证法理论。

恩格斯在《自然辩证法》一文中还充分阐明了理论思维的重要性。理论思维作为一种思维能力,不仅是自然科学取得成果的前提,而且是一个国家、一个民族要站在科学最高峰的必要条件。恩格斯在文中对理论思维的运用,是基于哲学和自然科学、主观辩证法和客观辩证法的区别和联系,因此理论思维的内涵主要是指基于唯物辩证法的思维形式,即辩证的思维。辩证的思维是指反映客观辩证法的主观辩证法,是自然过程反映在人的头脑中,经过加工改造后形成的概念系统。在恩格斯那里,所谓的客观辩证法就是指自然界固有的、客观存在的、支配整个自然界的本质和规律,而所谓主观辩证法,不过是自然界客观存在的本质和规律在人的头脑中以概念的形式体现出来而已。但这并不意味着主观辩证法是被动的和固定的,恰恰相反,自然界中的对立统一反映在概念体系中,而概念体系经过加工后反过来又深化客观进程的发展。"这些对立通过自身的不断的斗争和最终的互相转化或向更高形式的转化,来制约自然界的生活。"①因此,辩证的思维是"理论思维"这一概念的核心内涵。

理论思维既是理论化思维,也是辩证思维,是二者的有机融合,从这个角度讲,理论思维与非理论化思维是一对矛盾范畴。"非理论化的辩证思维

---

① 《马克思恩格斯文集》(第9卷),人民出版社,2009年,第470页。

形式主要是指自发的辩证法、形而上学的思维形式,以及未形成概念系统的辩证思维。"①恩格斯在论述理论思维的合理性的同时,也并没有忽略对这些非理论化辩证思维形式进行批判性的阐释。在他看来,古希腊时期以亚里士多德的逻辑为重要形式的自发的、非体系化的辩证思维,是不成熟的思维,但他们也是正确的,只是缺乏系统化的形式而已。近代哲学家中也不乏有坚持辩证思维的,却在自然科学初步发展取得的成果的影响下,逐步形成了形而上学的思维方式,他们又用这种形而上学的思维方式来进行自然科学研究,由此,自然科学的发展和形而上学思维方式相互促成、相互制约、相互影响。"18世纪的法国人也几乎全部为这种思维方式所支配,至少在他们的专门哲学著作中是如此。"②这种形而上学的思维方式的形成也是具有历史必然性的,在科学从哲学和神学中分化出来后,人们进行科学研究的方法都是区别于哲学和神学的观察法和分类等实证方法。基于人类感官认知的局限性,也必然是把自然界划分为不同的部分然后再加以认识和研究,对生命有机体的研究也是如此,虽然这种"分类学"的研究方法具有形而上学性,但它作为自然科学发展初级阶段的主要研究方法,又具有必然性,而且也是人类逐步形成对世界的全面的、深入的、科学的系统认识的必要条件,正是这样的进程和结果,使得人们形成一种思维方式,即孤立、静止、固定的形而上学思维方式。但是这样形而上学的思维方式,随着人类认识的不断发展,越来越成为自然科学发展的制约因素,所以形而上学思维有待于转化为唯物辩证思维,这是具有历史必然性的进程。

理论思维是已经形成相对完备的概念体系的唯物辩证思维,一方面与未形成概念系统的辩证思维,如"原始的、素朴的,但实质上正确的"古希腊哲学的世界观相对立;另一方面,与唯心主义辩证思维相对立。国内学者孙

---

① 董英哲:《理论思维探讨》,《西北大学学报(哲学社会科学版)》,1987年第4期。

② 《马克思恩格斯文集》(第9卷),人民出版社,2009年,第23页。

正聿在他的《恩格斯的"理论思维"的辩证法》一文中,指出恩格斯对辩证法的重大贡献就是"在理论思维的层面上系统阐述辩证法"①,并在此基础上揭示了自发的、未形成体系的辩证法与自觉的、系统的辩证法的关系,以及形而上学思维和辩证思维之间的关系。恩格斯充分肯定了黑格尔的辩证法,但同时也指出,黑格尔并没有完成他自己提出的思维的任务,即把人类历史看成是在人类本身的发展进程基础上,透过一些表面的、偶然的现象去探索背后的内在规律性。而且在黑格尔的辩证法体系中还内含着一个无法解决的矛盾——既然人类历史是一个辩证发展的过程,那么从辩证发展的本性出发,人类历史就不会因为"绝对"而"终结",因为"绝对"和"相对"是辩证统一的,但黑格尔同时又把人类历史发展进程看作是"绝对真理"的展开过程,即"它自己就是这种绝对真理的化身"②。黑格尔体系所内含的这一矛盾,恰好说明了人类对于外部世界形成的系统认识,是可以随着历史发展而不断发展的,由此,是历史进程决定认识,而不是认识决定历史。因此,黑格尔的唯心主义辩证思维内在矛盾的存在反证了唯物主义本质上就是辩证法,即世界具有统一性,自然界、人类社会、人的思维都一样,都有自己的时间上的历史,都一样有生有灭。由此,唯物主义与辩证法在本质上是一致的,辩证法和唯物主义同自然科学是一致的,并不是凌驾于自然科学之上的抽象的形而上学。哲学与科学从本质上讲也是一致的,只是二者所展现的形式不同而已。由此可见,理论思维就是哲学思维,是理论化思维和唯物辩证思维的有机融合。

(二)理论思维是历史的产物

理论思维是理论化形式和唯物辩证法内容的有机结合,而理论化思维

---

① 孙正聿:《恩格斯的"理论思维"的辩证法》,《哲学研究》,2012 年第 11 期。

② 《马克思恩格斯文集》(第 9 卷),人民出版社,2009 年,第 27 页。

和辩证思维自身都具有历史性，都是一定历史阶段的产物。关于思维的科学，例如关于逻辑的讨论一直都没有停止，无论是亚里士多德提出的形式逻辑，还是一直备受争议的归纳逻辑，虽然自然科学发展进程中，缺少不了逻辑的陪伴和相助，但是对于逻辑自身的一些思考并没有形成定论。辩证法随着人类实践的不断发展经历了从素朴自发到机械的形而上学，再到唯心主义，再到唯物主义的演变过程，而且作为辩证法科学形态的唯物主义辩证法也在不断地创新和发展。因此，作为理论化思维和唯物辩证思维相融合的理论思维，也必然是随着人类社会历史实践的不断发展而不断变化发展的。因此，理论思维是历史的产物，具有内在性、批判性、发展性和时代性的特点。

理论思维具有内在性的特点，这里的内在性主要是相对经验思维而言的，可以从感性认识和理性认识的辩证关系、客观辩证法和主观辩证法的关系来理解理论思维的内在性。理论思维的内在性特点体现在，它不仅能够直接反映事物之间的相互联系，而且能够对这些联系进行加工，获得关于这些联系背后更本质的规律性存在。经验是人类理性观念的根本来源，"一切观念都来自经验，都是现实的反映——正确的或歪曲的反映"①。而基于经验的观察法也是自然科学发展最初的方法，因此可以说经验思维是开启人类认知的最初的思维。自然科学的发展已经充分证明了一切人类知识都是来源于经验这一论断，而通过把经验主体由个体扩大到人类，承认获得性知识的经验属性，确立了经验之于人类认知的重要性，即经验是人类认识的来源，决定了认识的内容和形式。

虽然经验思维非常重要，但是要实现人类认识的进步，就必须实现由经验思维向理论思维的转化，因为经验是外在的、具体的、现象的、直观的，必须转化为内在的、一般的、本质的、理性的。正如恩格斯在描述19世纪自然

① 《马克思恩格斯文集》(第9卷)，人民出版社，2009年，第344页。

科学发展进程的时候提到的,"经验的自然研究已经累积了庞大数量的实证的知识材料,因而迫切需要在每一研究领域中系统的和依据其内在联系来整理这些材料"①。不仅如此,随着人类知识大厦的不断累积,自然科学的各个领域之间的关系也开始凸显出来,也迫切需要理论思维来对这些关系进行思考,因为在以关系为研究对象的理论研究领域,"经验的方法不中用了,在这里只有理论思维才管用"②。当前,人类社会进入信息化的人工智能时代,信息从本质层面上讲就是一种关系性质的存在,与 19 世纪自然科学的研究对象不同,现在,不仅自然科学的研究对象发生了改变,就连"科学"概念自身的内涵也发生了根本性的变革,当代科学的研究和进步更加依赖于人类理论思维能力的提升。

理论思维具有批判性的特征,这种批判性源于马克思把他的辩证法标注为"批判的和革命的",以及"思维所揭示出的内在矛盾"。③对于辩证法本质的讨论,学界一般都会区分马克思的辩证法思想和恩格斯的辩证法思想,认为马克思关于辩证法的思考侧重于认知主体角度的对理论和现实的批判性反思,而恩格斯的辩证法强调的是客观存在的辩证过程,侧重的是物质世界的客观的、不以人的意志为转移的、最一般的本质和规律,强调的是辩证法的客观性和现实性。可见,马克思侧重概念辩证思维,恩格斯侧重客观辩证过程,但事实上,二者的区别是相对的,无论是概念辩证思维,还是客观辩证过程,都蕴含了辩证法的否定本质,因此可以说二者在对辩证法本质的理解上是一致的。一方面,恩格斯在《反杜林论》中,明确表示他的写作是在马克思的支持下进行的,尤其是关于辩证唯物主义自然观和历史观的创立过程,更是延续了马克思的观点和立场。另一方面,恩格斯关于哲学基本问题

---

① 《马克思恩格斯文集》(第 9 卷),人民出版社,2009 年,第 345 页。

② 《马克思恩格斯文集》(第 9 卷),人民出版社,2009 年,第 435 页。

③ 王南湜:《辩证法何以本质上是批判的?》,《哲学分析》,2015 年第 6 期。

的概括和总结也充分说明，恩格斯并不是仅仅把辩证法看成是自然界最一般的本质和规律，还包括理论反思和理论批判。因为关于哲学基本问题的概括，恩格斯强调的是思维和存在的关系，而且这种关系不仅仅是自然界方面的思维和存在的关系，更主要的是被之前唯物主义所忽略的历史方面的二者的关系。唯物辩证法的本质特征是批判性和革命性，以唯物辩证法为根本内容的理论思维的本质属性也必然是批判性和革命性的。

理论思维具有发展性和时代性，是源于现实又引领现实的思想力量。恩格斯把理论思维看成是"运用概念的艺术"，而概念自身就不是固定的东西，会随着语境和历史发生变化，作为"运用概念的艺术"的理论思维也必然随着语境和历史的变迁而变化和发展，其变化和发展的依据就是人类社会历史实践。而且理论思维是由客观辩证法决定的主观辩证法，"我们的主观思维和客观世界遵循同一些规律，因而两者的结果最终不能互相矛盾，而必须彼此一致，这个事实绝对地支配着我们的整个理论思维"①。随着客观世界的变化与发展，理论思维必然与客观世界保持一致而发生变化与发展。因此，这里的发展可以从两个方面来理解，一方面，作为理论思维形式的理论化思维自身会有从低级向高级的发展进程；另一方面，作为理论思维内容的辩证的思维也会随着概念的演变和实践的发展而不断创新和完善。

(三)理论思维能力是树立坚定马克思主义信仰的必要条件

"一个民族要想站在科学的最高峰，就一刻也不能没有理论思维。"②这句话高度凝练了理论思维的重要性。恩格斯是从哲学与自然科学的关系，尤其是自然观和历史观对自然科学的影响和作用入手，来阐明唯物主义辩证法的重要性的。首先，辩证思维是重要的、高级的思维形式。从人的思维的历

---

① 《马克思恩格斯文集》(第9卷)，人民出版社，2009年，第538页。
② 《马克思恩格斯文集》(第9卷)，人民出版社，2009年，第437页。

史、辩证法的演变及自然科学发展进程等方面都可以看到,当自然科学发展到一定阶段后,必然会促使人类思维发生转变。不仅对自然科学研究,而且对社会科学研究,甚至所有理论研究,乃至人类生活领域,唯物主义辩证法都是最重要的思维方式,"一旦进入'研究领域',我们就会发现,形而上学的思维方式正像恩格斯所说的那样,'遇到最惊人的变故'"①,而且也只有在肯定和否定的相互包含中,才能真正理解人类自身。其次,经验主义离开理论自然科学就寸步难行。经验主义没有了理论思维,要么仅仅停留在外在的表象世界,无法真正认识外部世界,要么迷恋于经验世界而陷入唯心主义。所以缺少了理论思维的经验,就不能成为人类认识进步的基础。最后,恩格斯把理论思维看成是一种与生俱来的、需要培养和发展的素质,而培养和发展理论思维的途径就是学习以往的哲学。理论思维的必要性和重要性决定了提升理论思维能力的必要性,而要提升理论思维能力就要在学习理论知识的基础上进行反思和批判。

"理论思维的起点决定着理论创新的结果"②,恩格斯关于理论思维及其重要性的论述为新时代树立坚定的马克思主义信仰提供了理论基础、思维路径和现实遵循。重视理论思维并不断提升理论思维能力,就是要注重理论学习和思考,善于由感性认识上升到理性认识、善于从社会历史实践中去把握现象背后的本质和规律。可以说,"学思用贯通、知信行合一"是对这几个方面的凝练概括。

首先,理论思维尤其是理论化思维是从个别到一般的思维,体现为反思意识和批判意识。"学而不思则罔",要树立坚定的马克思主义信仰首要的是获得马克思主义真知,而获得马克思主义真知的唯一途径就是反思、怀疑和批判。因此,理性思维是获得马克思主义真知,从而树立坚定马克思主义信

---

① 孙正聿:《恩格斯的"理论思维"的辩证法》,《哲学研究》,2012 年第 11 期。

② 习近平:《在哲学社会科学工作座谈会上的讲话》,《人民日报》,2016 年 5 月 19 日。

仰的基础。

其次,不断提高理论思维能力为坚定马克思主义信仰提供了现实途径。理论思维具有时代性,新时代中国特色社会主义思想创新性地发展了马克思主义辩证法,在辩证思维能力基础上,提出了底线思维能力、战略思维能力、历史思维能力、创新思维能力、法治思维能力、系统思维能力等,构成了新时代理论思维能力体系,对认识世界和改造世界的能力进行了具体阐释,也为新时代通过学习获得真知,进而树立和坚持坚定的马克思主义信仰提供了思维路径。

最后,把理论化思维和辩证思维有机结合起来,一方面注重了反思和批判意识基础上的抽象思维能力,另一方面注重了思考的现实性和历史性,即从历史中把握现实的能力,为把握新时代坚定理想信念有重要意义,结合历史和现实,在实践过程中坚定马克思主义信仰,做马克思主义的坚定信仰者和忠实践行者,提供了现实遵循。

三、依靠学习养成信仰

"中国共产党人依靠学习创造历史,也必然要依靠学习走向未来。"[1]不断学习是一个政党、一个国家、一个民族不断发展的根本动力。"终身学习""全民学习""学习型社会""真学真懂真信真用""善于学习""自主学习""崇尚学习""积极改造学习""学习型政党""增强学习内生动力"等概念和论断阐明了学习的重要性、学习的本质,以及学习的方法、路径等问题,为新时代树立坚定的马克思主义信仰提供了理论依据和现实路径。

---

① 习近平:《在中共中央党校建校 80 周年庆祝大会发布重要讲话》,《人民日报》,2013 年 3 月 3 日。

（一）学习是应对变化的根本途径

新时代学习的重要性体现为学习的必要性，即学习是一个人、一个政党、一个国家、一个民族立于世界的必要条件。"变"是世界存在的根本特征，而"应变"是人类存在于世界的根本能力，这个"应变"从哲学层面上讲就是主体能动性，从经验层面上讲就是学习。当今世界进入人工智能时代，技术加速和生活加速促使社会发展也在加速的进程中。世界发展变化很快，当代中国发展变化也很快，在这种加速发展的进程中，新情况新事物层出不穷，如何应对社会加速带来的新问题，是新时代坚持和发展中国特色社会主义所面临的最关键的问题之一。世情、国情和党情决定了中国共产党领导的中国人民和中华民族只有坚持不断地学习，才能应对"世界百年未有之大变局"。

"世界百年未有之大变局"是对当今世界所处发展态势的精准概括。经济全球化、文化多样化、社会信息化、国际关系复杂化，使得各国人民之间的相互依赖性达到前所未有之状，为加速推进构建全球治理体系和国际秩序、促进人类社会文明发展提供了一定的条件。与此同时，世界各国所共同面临的不确定、不稳定因素也越来越多，政治经济格局变化、国际力量对比变迁、世界文明发展多元化、全球性生态危机、全球经济发展动力匮乏、贸易保护主义重新抬头、世界国家间贫富分化日益严重、网络安全和恐怖主义持续蔓延等都是进入 21 世纪以来人类所面临的共同问题和挑战。在这样不稳定的大变革背景下，必然要求我们党要提升应对困难的能力和增强解决问题的本领，只有通过学习才能增强本领，才能增强领导中国人民应对世界范围内大机遇和大挑战的能力，从而维护国家安全，促进社会发展。

当前，我国正处在发展的关键期。自新中国成立以来，中国共产党带领中国人民实现了中华民族发展的历史性飞跃，生产力水平不断提高，人民的生活水平不断提高，政治、经济、文化、社会、生态各个方面的建设都取得了伟大成就,开启了"第二个百年"奋进的新征程,国家的综合国力和世界影响力也不断提升,中国逐步走向了世界舞台的中央。但是与发展并存的还有很多困难和挑战,生产力的不平衡和不充分,整体国家发展动力不足,国家治理体系不完善等问题都是影响中国特色社会主义现代化建设事业不断向前发展的关键问题,而要解决这些问题就需要我们不断学习,真正学懂学会马克思主义,获得马克思主义真知。马克思主义揭示了人类社会发展规律,提供了认识世界和改造世界的根本方法,指明了人类社会发展的方向和道路,所以真正学懂和弄通马克思主义理论,真正理解和掌握马克思主义方法,尤其是马克思主义的矛盾分析法、社会分析方法、历史分析方法和阶级分析方法等,真正树立和践行马克思主义信仰,基于马克思主义立场思考问题和解决问题,把国家和民族的发展放到人类历史发展进程中去把握,才能真正理解我国当前所面临的诸多问题的实质并找到解决问题的关键和方法,实现国家和民族的不断发展进步。

作为马克思主义执政党的中国共产党,从成立以来,就遵循马克思主义的指引和引领,带领中国人民不懈革命奋斗,取得了杰出成就。这个过程从一定意义上讲就是党通过学习不断实现自我能力提升和自我革命的过程,也可以说,党的自我革命的实质就是通过学习实现自我发展。"勇于自我革命是中国共产党区别于其他政党的显著标志。"[1]但是党内仍然存在一些损害党的形象、侵蚀党的执政基础的现象。要净化党内政治生态,增强党的创造力、凝聚力和战斗力,就要依靠党的不断自我学习、自我革新。

(二)学习的实质是发展

对于"学习"这一概念的理解,在汉语词典中解释为"通过读书、听课、研

---

① 《中共中央关于党的百年奋斗重大成就和历史经验的决议》,人民出版社,2021年,第26页。

究、进行教学实验等方式以学得知识、技能"①。这一定义可以看作是对"学习"的经验层面的理解。如果从反思层面或者说本质层面上来理解，学习的过程就是主体获取自身发展的途径，即学习的实质是发展。个体的学习寻求的是个体的发展，国家的学习寻求的是国家的发展，自主学习指的是源自内在动力的发展，终身学习指的是持续的自我发展。以发展为本质的学习，包括具有递进关系的三层内涵。

首先，从最基础层次讲，学习是一种扩展知识、提升能力的行为。学习是获取信息和知识，提高思考能力的途径，通过学习，我们对认知对象进行全面深刻的把握，更好地认识世界。所以我们的学习，在具体方法上要全面系统、理论与实践相结合、历史与逻辑相统一；在内容上要学习理论知识和历史知识，读懂弄通悟透知识形态的马克思主义，使马克思主义成为我们认识问题、分析问题、解决问题的根本思想方法和理论指导；学懂弄通历史知识，包括世界社会主义500年历史、中国共产党的百年历史、新中国发展史，以及改革开放以来中国特色社会主义发展史，不断提高历史思维能力，树立大历史观，用历史主义的视角来认识世界和改造世界。从学习形式上讲，既要学习获得关于世界的理论性知识，同时也要结合现实，从实践中、从具体活动中获得关于能力的知识。关于学习的这个层次的理解，是经验的理解，也是关于学习的最一般意义上、最普遍意义上的理解。

其次，学习不仅仅是一种获取知识的过程，还是一种积极进取的态度。"学而时习之不亦乐乎"，自主学习、主动学习、终身学习是一种积极进取状态的表现。学习和思考是相辅相成的，"学而不思则罔，思而不学则殆"。没有思考的人生是不值得过的，如果不学习就不会思考，不思考也不会去主动学习。如果头脑中有问题，要想去解决问题，就会去学习，就会主动去学习寻找

① 《新华词典》，商务印书馆，2001年，第1117页。

解决问题的办法。不仅要主动学习,还要善于学习,读书学习需要时间和精力,工作和读书之间的安排就需要思考。事实上,工作和读书学习之间并不是冲突的关系,反而是一种相互促进,工作是一种读无字之书的过程,而读书学习则是能够更好地提升工作效率的途径,所以要从观念上认识二者之间的一致性,进而相互促进提升,实现自我发展和进步。读书学习需要一个渐进和不间断的过程,要有选择地读书学习,要读经典、原典、有智慧和思想的书,习近平总书记多次提到荀子的《劝学篇》,强调读书要先易后难、由浅入深、循序渐进、水滴石穿,只有长期坚持,才能取得真正的收获。

最后,从最高层次讲,学习是一种健康的生活方式。学习不仅仅是一种获取知识的途径,不断地学习、读书还可以使人明智、使人更好地获得幸福感。养成不断学习的习惯,可以保持一种积极进取的状态,进而在生活和工作中取得成功并获得更多的成就感。"应该把学习作为一种追求、一种爱好、一种健康的生活方式"[①]。因此,不能仅仅把学习看成是读书写字,而应该在更根本层次上认识到学习的本质,即学习是一种生存方式,是一种健康的生活方式,这也是我们在强调依靠学习走向未来的时候,所体现出来的学习的更深层次的内涵。"真正把读书学习当成一种生活态度、一种工作责任、一种精神追求。"[②]这个层次的学习内涵是对把学习看作是获取知识的行为和把学习视作积极进取的态度的进一步升华,这个层次的学习从内涵和形式上讲更接近于信仰。

(三)坚持马克思主义学习方法

学习离不开学习方法,不仅要学习,更要有效地学习,所以学习要讲究方法,只有运用科学方法,才是真正的学习,才能到达学习的目的。学习方法

---

① 习近平:《在全党大兴学习之风 依靠学习和实践走向未来》,《人民日报》,2013 年 3 月 2 日。
② 习近平:《在全党大兴学习之风 依靠学习和实践走向未来》,《人民日报》,2013 年 3 月 2 日。

从根本上讲就是把马克思主义作为思考和解决问题的根本方法。真正把马克思主义作为思考方法和认识世界、改造世界的根本方法，主要包括三个方面。

首先，马克思主义哲学对于现实生活的方法论意义。有思考意识，学哲学、用哲学、以哲学方式生存生活。哲学是爱智慧，是对思考的思考，我们在工作和生活中要有意识地去思考，"三思而后行"就是面临问题的时候首先要对问题自身有深刻的认知和把握，然后再去寻找解决方法。要把马克思主义基本理论作为认识世界和改造世界的根本理论基础，尤其是辩证唯物主义和历史唯物主义的基本原理，其核心就是基于"物质"和"运动"两个范畴展开的关于世界的存在及其状态的理论体系，实践的观点、世界统一物质的基本观点的方法论意义在于我们要一切从实际出发，坚持联系和发展的观点，坚持矛盾是事物运动变化的动力的观点，主动运用马克思主义原理来思考、分析问题，进而从实践出发解决问题。唯物史观是马克思主义的创新，其核心理论是基于人类社会的物质性解释人类社会的发展规律，其根本方法就是社会分析法。所以要与现实结合，运用马克思主义方法，首要的就是学会运用社会分析方法。唯物史观从实践出发，阐明了人类社会发展一般规律以及人民群众是历史创造者的理论观点。透过社会现实分析其背后本质性的运动规律的社会分析方法也是马克思的重要成就之一。对于我们发展中国特色社会主义理论，进行中国特色社会主义建设实践都具有直接的指导意义。人民群众是历史创造者是"以人民为中心"的发展理念、"江山就是人民、人民就是江山"的执政理念、"全心全意为人民服务"的群众路线的理论根源和依循。从一定意义上讲，历史唯物主义的基本原理是推动我国经济发展、社会进步、实现人民对美好生活向往的根本理论遵从。

其次，提高科学思维能力，尤其是历史思维能力和底线思维能力。历史思维可以从四个层次来理解：一是以史为本，二是以史为鉴，三是以史增信，四是"历史的思"。第一个方面，以历史为根，从历史中寻找自立自强的根。这个历史既包括文明、文化理论的根,也包括人民群众与自然斗争,寻求生存和发展的历史;既包括人民寻求解放和自由而进行的斗争,也包括为了富强民主和美好生活而进行奋斗的历史。每个民族和国家只有在自己的历史中,也只能在自己的历史中去寻求自信、自强,去寻求自立于世界的根。承认历史是前进的基础,否定历史就否定了当下,因为当下就是历史形成的。所以要承认历史,"以史为本"是中华民族走向复兴的前提。修身治国平天下,做人做事治国都要遵循统一的"道"。例如,新发展理念,一方面是中国特色社会主义建设实践取得成功的引领,是实现中华民族伟大复兴的中国梦的途径;另一方面,新发展理念也是每个现实的个体的人自我实现和发展的根本引领。创新是自我发展的动力,协调就是人的社会性本质的体现,可以说人生存于世就要打交道,与自然、与他人、与他物、与自己打交道,处理各种各样的关系,而处理关系,就在于协调,协调是本质层面上人的实现。绿色就是健康,开放就是打开自我,实现自我与世界的真正统一,实现自我在与世界打交道过程中的主动性。共享是人发展持续性的根本保证。

第二个方面,以史为鉴,读史使人明智,同样,反思历史也能促进一个民族一个国家的发展。新发展理念中的每一个理念并不是新时代的完全创新,而是中华民族一直以来的发展理念,已经在革命建设实践中都蕴涵着的,因此反观、反思历史,一方面能够更加深刻理解把握新时代提出的新发展理念的内涵和意义,另一方面也能够为真正实践、贯彻落实新发展理念提供路径借鉴。中华民族5000年的文明历史,世界社会主义500年的发展历程,中国共产党带领中国人民进行革命和社会主义建设的百年历史,中华人民共和国成立以来的70多年历史,改革开放40多年的历史进程,无不为新时代各种理论和政策的贯彻落实提供了宝贵的经验。

第三个方面,以史增信,历史思维体现了过程性和发展性,一个国家一个民族的自信源于自身的历史。历史给予意义,历史是人存在的根本,没有了历史也就没有了人自身,所以历史是本质、历史是本体、历史是根本。历史哲学就是认识历史、反思历史,而人之为人的本质是理解历史。

第四个层面,历史思维就是要有历史主义的立场。要把任何事件和进程都放到它的历史语境中去理解和把握,不能脱离时代性和历史性去机械地理解和认知。历史是辩证法更深层次的意义所在,辩证法的普遍联系和发展都是历史的表现。辩证法是现象,历史是本质,方法是本质的应用和表现,历史是辩证法的根和本。所以历史思维就要从本体、本质意义上来把握,基于历史的理性来思考,世界是历史的存在,人作为实践主体也是历史的存在。从认识论、方法论层面上讲,历史是认知图式,历史是认知世界的方法,世界作为认知客体也是历史的存在,主、客体的实践也是历史的存在。从价值论层面讲,以史为本,历史是评价认知的根本依据,这个历史不是过去,不是现在,而是过去、现在和未来的有机统一。

底线思维是马克思主义辩证法创新性发展和中国传统文化创造性转化的有机结合。一方面,底线思维是马克思主义唯物辩证法的创新性发展。马克思主义辩证法是认识世界和改造世界的根本方法,其核心就是矛盾分析法,坚持一切从实际出发,理论联系实际,从发展中认识和把握事物的本质和规律,底线思维是唯物辩证法在人类社会生活领域的具体化。习近平新时代中国特色社会主义思想在继承马克思主义基本原理基础上,更加关注具体现实生活中的人,注重从微观的现实生活角度来进一步深化和发展马克思主义理论,这种发展体现在方法论上就是底线思维。

何为底线?底线的字面意思就是边线,而从哲学方法论上讲就是量变转化为质变的关节点(即度),是一个事物之所以是其本身而不是他者的根本规定所在。"底线"这一概念就是哲学的"度"这一概念在人类社会历史领域的具体化。底线的不同就表征了人的不同、事的不同、境遇的不同。人区别于他者的本质是社会关系的总和,而不同的具体的人之间的区别就在于底线,即不同人的生活工作中不同的标准和依据。

另一方面,底线思维是中华优秀传统文化的创造性转化。底线思维最基本的一个内涵就是一种积极的思维,它蕴含了深刻的中国智慧,与《易经》的"通变"思维以及《中庸》的"中和"思维一脉相承,是中华优秀传统文化的创造性转化。底线思维蕴含了忧患意识、原则性、积极性、自明性等深刻哲学智慧。

"生于忧患,死于安乐。"忧患意识指由于对个人前途和国家民族命运深切关注所产生的危机感,是一种以天下为己任的责任意识。底线思维的首要内涵就是忧患意识,换言之,底线思维的意识前提就是忧患,是源于中国传统重农求稳的思想。一方面是对破坏"最基本安稳"状态的忧患,"危者,安其位者也;亡者,保其存者也;乱者,有其治者也。是故君子安而不忘危,存而不忘亡,治而不忘乱,是以身安而国可保也"①。另一方面是积极寻求应对忧患的途径,"若能思其所以危,则安矣;思其所以乱,则治矣;思其所以亡,则存矣"②。因此底线思维更多的是强调实践主体勇于承担责任的担当精神。

"君子有所为,有所不为。"原则性是底线思维的核心体现,原则即底线,底线思维就是要求在原则上要把好关。首先是原则意识,任何存在都是有原则的,所以要对原则心存敬畏,不能轻视并随意改变原则。这是坚定政治方向、牢固树立"四个意识"的根本前提。如果丧失对原则的敬畏,就会出现"怎样都行"的无政府主义的错误倾向,必然导致自我欲望的无限制,进而在大是大非问题上丧失理性。旗帜鲜明地讲政治是马克思主义政党的根本要求,所以原则性是中国共产党做人做事的根本。其次是要确定原则。原则是具体的,又是动态的,每个人都要确定自己做人做事的原则。公民有公民的原则,国家有国家的原则,具体到每一个人每一项工作中,都有其具体的原则。

---

① 陈荣:《应急管理史鉴》,浙江人民出版社,2012年,第159页。
② 宋祚胤:《周易注释》,岳麓书社,2000年,第309页。

最后就是要坚守原则，丧失原则即超越底线，必然发生质变。

"凡事预则立，不预则废。"对待事物的积极性，是走向成功的前提，这种积极性从哲学上讲就是主体能动性。实践主体是认识世界和改造世界的根本能动力量，主体能动性可以分为两个层次：一是主体意识，体现在思维领域中，就是对实践客体的把握操控意识；二是主体能动性，体现在具体的实践过程中，就是对实践对象、实践过程有充分的认识，并做好充分的准备，同时对实践结果有充分的预测并准备好应对方案。底线思维更多的是体现思维领域中的主体意识，它是发挥主观能动性、实现实践过程的前提，也是实践取得成功的必要条件。

"知己知彼百战不殆。"自明性是底线思维所蕴含的哲学智慧。古希腊哲学家苏格拉底有"认识你自己"的格言，认为对自己的认识是认识世界的根本，也是认识世界的途径；老子在《道德经》中也提到"知人者智，自知者明"，认为能够"自知"的人才是真正智慧的人；《孙子》中的"知己知彼百战不殆"，也把"自知"作为取得战争胜利的前提。底线思维就是让人在对自身各方面的底线进行反思的基础上到达"自知"，从而成为真正有智慧的人。

除历史思维、底线思维以外，还有辩证思维、创新思维、战略思维、系统思维、法治思维等新思维能力，这些新思维之间互相渗透、互为前提共同构成整体战略辩证法，它们共同的哲学基础就是辩证唯物主义和历史唯物主义，共同的践行前提就是现实的人的主体能动性。而且思维方法的意义在于应用和实践，要提高思维能力，就要提高运用科学理论思维观察事物、分析事物、解决问题的能力，不断增强工作的科学性、预见性、主动性和创造性。

四、知识形态向信仰形态转变的实践环节

基于马克思主义信仰养成的理论依据，即"信"与"仰"的辩证关系、知行

理论和涉身认知理论,借鉴《礼记·中庸》中的为学之道,马克思主义信仰的养成过程可分为识、思、信、仰、践五个阶段。这五个阶段具有递进关系,并且是相互影响、不可分割的有机整体,实现每一个阶段的途径分别为学习、批判、深知、遵循和行动。

(一)通过学习达到识

学习是树立坚定马克思主义信仰的根本前提。通过学习可以获得马克思主义理论知识,只有在对知识形态的马克思主义形成认知和理解后,才能进一步升华为信仰形态的马克思主义。科学信仰的根基在于信仰内容的科学性和真理性,学习是获得知识的唯一途径,只有通过学习才能认识到信仰内容的科学性和真理性,没有理论学习,就不会有知识的获得,学习的目的在于真正认识马克思主义,尤其是发展着的马克思主义。因为马克思主义作为科学真理,并不是机械的、固定不变的教条,而是随着实践不断丰富和发展的开放的理论体系。信仰主体在树立坚定信仰之前首先是认知主体,而认知主体是自然性和经验性的统一,要真正的"识"马克思主义。要从认知主体角度摒除先见,从知识获取层面对马克思主义形成感性认识,感性认识是认知的开始,而这个感性认识并不仅仅是生物个体刺激感应的自然性,而是基于认知主体的生物身体,在与社会环境相互作用的交互基础上的感性认识。所以如果对马克思主义具有错误的、机械的、不全面的"先见",那就不可能获得马克思主义真知,因此要获得真知,就要摒除先见,而要摒除先见的唯一途径是把马克思主义放在历史中来学习。列宁指出,马克思主义的全部精神,它的整个体系,要求人们对每一个原理都要联系历史的,都要同其他原理联系起来,都要同具体的历史经验联系起来加以考察。总之,摒除关于马克思主义理论的偏见的唯一途径就在于从历史发展进程中认识和把握马克思主义。

(二)通过批判达到思

获取关于外部世界的感性信息仅仅是人类认知的开始,"这是整个认识过程的第一个阶段,即由客观物质到主观精神的阶段,由存在到思想的阶段"①。在理论学习的过程中,如何由对理论的感性认识上升为理性认识,这就需要"理性思考"和"中庸式怀疑",即批判性思考。这种批判性思考具有两个层面,一方面是从认识客体角度讲,马克思主义理论自身就具有批判性的特征,它本身就是发展着的理论,需要与实践相结合来认识和思考马克思主义。正如恩格斯所言:"我们的理论是不断发展着的理论,而不是必须背得滚瓜烂熟并机械的加以重复的教条。"②因此,要形成对马克思主义的科学认识,就应该是一种批判性反思,在获取马克思主义理论知识的同时,结合具体的经验和实践对其进行思考。另一方面,从认识主体角度讲,真正获得关于马克思主义的知识过程并不是静止的,而是一个学习—反思—再学习—再反思的不断运动着的过程,是认知主体不断完善自我认知的过程,也是对马克思主义理论不断深化认识的过程。这一过程就是我们到达"深知"的过程,即思考是到达"深知"的根本途径,如果没有反思,就无法对马克思主义形成科学的认识,根本就无法谈理想信念的确立。

(三)通过深知达到信

在对马克思主义批判性反思的基础上,形成对马克思主义的"深知",即不仅仅是作为知识形态的马克思主义形成科学认识,也成为一种体己的情绪认知。作为理想信念形态的马克思主义,不仅仅是一种知识,还是一种情

---

① 《毛泽东文集》(第8卷),人民出版社,1999年,第320页。
② 《马克思恩格斯选集》(第4卷),人民出版社,2012年,第681页。

感依赖。如何由知识状态的理性认识转变为理想信念状态的情感认知,其关键就在于能否对客体(理想信念对象)形成"深知"。而所谓的"深知"既包含认识,也包含行动,更包括作为完整的人的不可分割的非理性因素。因此,"深知"不仅仅是"知",而是由"知"而"行"的转化和过渡的一个阶段和关节,既不同于"知",也不同于"行",是"知信行合一"中的"信",连接了"知"和"行",是实现由"知"而"行"的根本途径。形成马克思主义"深知"就是在获得马克思主义"真知"基础上,认知主体运用批判性思维,把马克思主义的观点方法内化为自我的世界观和价值观,形成对马克思主义的感性认知和情感依赖,从而真正相信马克思主义。

(四)通过遵循达到仰

如果说"深知"是把马克思主义内化的基础,那么"仰"则是把马克思主义内化为自我价值观并作为行为规范加以遵循的过程。这个过程指作为实践主体的人发挥主观能动性,在思想上自觉坚持马克思主义,把马克思主义作为理论指导和理想指引;在行为上,自觉运用马克思主义来思考问题和分析问题,从而提升自己认识世界和改造世界的能力,"理论与实践的统一,是马克思主义的一个最基本的原则"[1],也是获得马克思主义真知、树立坚定的马克思主义信仰的根本。信仰、信念的确立,不仅仅是把信仰信念内容作为真理来对待,更主要的是把信仰信念的内容作为自己的思想指南和行动纲领,即信仰信念是实践主体的精神力量的体现。要达到仰,就必须在对理想信念内容形成深知的基础上,自觉地在思维和实践过程中相信并遵从信仰、信念内容。由此,树立坚定的马克思主义信仰的过程,从信仰主体角度讲,就是由理论知识形态升华为思想指引,真正把马克思主义作为根本的世界观、

---

① 《毛泽东文集》(第7卷),人民出版社,1999年,第90页。

人生观和价值观,作为精神支柱和行动遵循。

(五)通过行动达到践

理论并非目的,实践才是共产主义远大理想和中国特色社会主义共同理想的本质。马克思曾提出:"全部社会生活在本质上是实践的。凡是把理论引向神秘主义的神秘东西,都能在人的实践中以及对这种实践的理解中得到合理的解决。"①共产主义远大理想和中国特色社会主义共同理想不仅仅存在于信仰者的精神领域,还体现在信仰者的革命实践活动和无产阶级建设实践当中,在这样的社会实践活动中,共产主义远大理想和中国特色社会主义共同理想才真正拥有改造世界的力量。信仰者在利用马克思主义理论进行个人的自我革新和对外在世界的改造时,真正将理论及其方法论等作为引导自身思维和行为的坐标和准则,在这样的实践中,共产主义远大理想和中国特色社会主义共同理想才得以确立。

总之,马克思主义信仰的养成是一个过程,是世界塑造主体,主体改造世界的相互作用过程。一方面,信仰的养成需要一个过程;另一方面,马克思主义信仰自身也不是僵化的。马克思主义信仰作为一种科学的信仰,反对宗教信仰中盲目的迷信,重视批判性思考,其实质就是尊重历史事实的实践反思;马克思信仰的养成是在个人活动和社会实践过程中,有意识地感知实践外部环境与精神内在认知的偏差,以批判性思考作为思想武器,反思并调整自己的认知、思维方式和行为模式的过程。因此,马克思主义信仰自身也并不是一成不变的,而是不断进行自我批判和自我革新的过程,只有这样,信仰者所养成的马克思信仰才能更臻完善。

---

① 《马克思恩格斯选集》(第1卷),人民出版社,2012年,第135~136页。

参考文献

［1］《马克思恩格斯文集》(第 1 卷)，人民出版社，2009 年。

［2］《马克思恩格斯文集》(第 2 卷)，人民出版社，2009 年。

［3］《马克思恩格斯文集》(第 3 卷)，人民出版社，2009 年。

［4］《马克思恩格斯文集》(第 9 卷)，人民出版社，2009 年。

［5］《马克思恩格斯文集》(第 10 卷)，人民出版社，2009 年。

［6］《马克思恩格斯选集》(第一卷)，人民出版社，2012 年。

［7］《马克思恩格斯选集》(第二卷)，人民出版社，2012 年。

［8］《马克思恩格斯选集》(第三卷)，人民出版社，2012 年。

［9］《马克思恩格斯选集》(第四卷)，人民出版社，2012 年。

［10］《列宁全集》(第五十五卷)，人民出版社，2017 年。

［11］《列宁专题文集 论马克思主义》，人民出版社，2009 年。

［12］《列宁选集》(第一卷)，人民出版社，1995 年。

［13］《毛泽东文集》(第七卷)，人民出版社，1999 年。

［14］《毛泽东文集》(第八卷)，人民出版社，1999 年。

［15］《毛泽东选集》(第一卷)，人民出版社，1991 年。

［16］《毛泽东选集》(第二卷)，人民出版社，1991 年。

［17］《毛泽东选集》(第三卷)，人民出版社，1991 年。

[18]《毛泽东选集》(第四卷),人民出版社,2006 年。

[19]《邓小平文选》(第二卷),人民出版社,1994 年。

[20]《邓小平文选》(第三卷),人民出版社,1994 年。

[21]《习近平谈治国理政》(第一卷),人民出版社,2018 年。

[22]《习近平谈治国理政》(第二卷),人民出版社,2017 年。

[23]《习近平谈治国理政》(第三卷),外文出版社,2020 年。

[24]习近平:《中国共产党历史》,中央文献出版社,2021 年。

[25]习近平:《在庆祝中国共产党成立 100 周年大会上的讲话(2021 年 7 月 1 日)》,人民出版社,2021 年。

[26]习近平:《决胜全面建成小康社会 夺取新时代中国特色社会主义伟大胜利——在中国共产党第十九次全国代表大会上的报告》,人民出版社,2017 年。

[27]中共中央党史研究室:《十八大以来重要文献选编》(上),中央文献出版社,2014 年。

[28]中共中央宣传部:《习近平总书记系列重要讲话读本》(2016 年版),人民出版社,2016 年。

[29]中共中央党史研究室:《中国共产党的九十年 新民主主义革命时期》,中共党史出版社,2016 年。

[30]《中共中央关于党的百年奋斗重大成就和历史经验的决议》,人民出版社,2021 年。

[31]习近平:《在庆祝中国共产党成立 100 周年大会上的讲话(2021 年 7 月 1 日)》,人民出版社,2021 年。

[32]习近平:《在中央党校(国家行政学院)中青年干部培训班开班式上的讲话》,新华网,2021-9-1。

[33]习近平:《在党史学习教育动员大会上的讲话》,《人民日报》,2021-

02-21(01)。

[34]习近平:《在纪念马克思诞辰 200 周年大会上的讲话》,《人民日报》,2018-05-05(02)。

[35]习近平:《在哲学社会科学工作座谈会上的讲话》,《人民日报》,2016-05-19(02)。

[36]习近平:《纪念周恩来同志诞辰 120 周年座谈会上的讲话》,《人民日报》,2018-03-02(02)。

[37]习近平:《关于坚持和发展中国特色社会主义的几个问题》,《求是》,2019-04-01。

[38]习近平:《在全国党校工作会议上的讲话》,《人民日报》,2015-12-11(02)。

[39]《习近平会见第四届全国文明城市、文明村镇、文明单位和未成年人思想道德建设工作先进代表并发表重要讲话》,《人民日报》,2015-2-28(02)。

[40]习近平:《坚持用马克思主义及其中国化创新理论武装全党》,《求是》,2021-11-15。

[41]习近平:《在纪念马克思诞辰 200 周年大会上的讲话》,《人民日报》,2018-05-05(02)。

[42]习近平:《深刻认识马克思主义时代意义和现实意义 继续推进马克思主义中国化时代化大众化》,《人民日报》,2017-09-30(01)。

[43]习近平:《青年要自觉践行社会主义核心价值观——在北京大学师生座谈会上的讲话》,《人民日报》,2014-05-05。

[44]习近平:《用新时代中国特色社会主义思想铸魂育人 贯彻党的教育方针落实立德树人根本任务》,《人民日报》,2019-03-19。

[45]习近平:《在全党大兴学习之风 依靠学习和实践走向未来》,《人民日

报》,2013–03–02。

[46][宋]朱熹:《四书章句集注》,中华书局,1983年。

[47][宋]李觏:《李觏集》,王国轩点校,中华书局,2011年。

[48][明]王守仁:《王阳明全集》,吴光等编,上海古籍出版社,2011年。

[49][古希腊]柏拉图:《泰阿泰德篇》,王晓超译,《柏拉图全集》,人民出版社,2003年。

[50][古希腊]柏拉图:《斐多篇》,王晓朝译,《柏拉图全集》,人民出版社,2003年。

[51][古希腊]亚里士多德:《尼各马可伦理学》,商务印书馆,1990年。

[52][德]康德:《逻辑学讲义》,许景行译,商务印书馆,1991年。

[53][英]休谟:《人性论》,关文运译,商务印书馆,1997年。

[54][法]拉美特利:《人是机器》,顾寿观译,商务印书馆,1991年。

[55][法]罗狄-刘易斯:《笛卡尔和理性主义》,商务印书馆,1997年。

[56][美]保罗·莱文森:《思想无稽》,何道宽译,南京大学出版社,2003年。

[57][美]约翰·杜威:《人的问题》,傅统先等译,上海人民出版社,2006年。

[58][法]梅洛·庞蒂:《知觉现象学》,姜志辉译,商务印书馆,2001年。

[59][美]罗伯特·L.海尔布隆纳:《马克思主义:赞同与反对》,马林梅译,东方出版社,2016年。

[60][美]彼得·伯格、[荷]安东·泽德瓦尔德:《疑之颂:如何信而不狂》,曹义昆译,商务印书馆,2012年。

[61][英]罗素:《人类的知识——其范围与限度》,商务印书馆,1989年。

[62][美]约翰·麦克道威尔:《心灵与世界》,刘叶涛译,中国人民大学出版社,2006年。

［63］［英］柯林武德:《自然的观念》,吴国盛,北京大学出版社,2006 年。

［64］［美］肯恩·威尔伯等:《意识的转化》,李孟浩等译,东方出版中心,2015 年。

［65］［智］F·瓦雷拉,［加］E·汤普森,［美］E·罗施:《身心智：认知科学和人类经验》,浙江大学出版社,2010 年。

［66］［德］雅斯贝尔斯:《哲学与信仰》,鲁路译,人民出版社,2010 年。

［67］［英］罗素:《为什么我们不是基督徒》,沈海康译,商务印书馆,1982 年。

［68］［英］尼古拉斯布宁、余纪元:《西方哲学英汉对照辞典》,人民出版社,2001 年。

［69］刘建军:《马克思主义信仰论》,人民出版社,1998 年。

［70］邢学民:《当代中国社会信仰论》,人民出版社,2008 年。

［71］陈嘉映:《何为良好生活:行之于途而应于心》,上海文艺出版社,2015 年。

［72］陈荣:《应急管理史鉴》(上),浙江人民出版社,2012 年。

［73］宋祚胤注译:《周易》,岳麓书社,2000 年。

［74］冯俊:《开启理性之门——笛卡尔哲学研究》,中国人民大学出版社,1995 年。

［75］金炳华主编:《马克思主义哲学大辞典》,上海辞书出版社,2003 年。

［76］张岱年主编:《中国哲学大辞典》(修订本),上海辞书出版社,2014 年。

［77］孙正聿等:《马克思主义基础理论研究》,北京师范大学出版社,2019 年。

［78］孙伯鍨、侯惠勤主编:《马克思主义哲学的历史和现状》,南京大学出版社,2004 年。

［79］刘晓力、孟伟：《认知科学前沿中的哲学问题》，金城出版社，2014年。

［80］周晓亮：《休谟哲学研究》，人民出版社，1999年。

［81］韩震主编：《社会主义核心价值体系研究》，人民出版社，2007年。

［82］杨耕：《马克思主义哲学基础理论研究》，北京师范大学出版社，2017年。

［83］［英］戴维·马戈利斯：《马克思主义与宗教——基督教与马克思主义的对话》，强东红译，《马克思主义美学研究》，2014年第2期。

［84］［美］奎因：《自然化的认识论》，《世界哲学》，2004年第5期。

［85］王南湜：《辩证法何以本质上是批判的？》，《哲学分析》，2015年第6期。

［86］孙正聿：《恩格斯的"理论思维"的辩证法》，《哲学研究》，2012年第11期。

［87］邓晓芒：《中西信仰观之辨》，《东南学术》，2007年第2期。

［88］周向军：《恩格斯的马克思主义观：基本内容与重要意义》，《理论学刊》，2006年第8期。

［89］宋朝光：《论恩格斯的马克思主义观——纪念恩格斯逝世110周年》，《理论月刊》，2006年第5期。

［90］姜辉：《恩格斯的马克思主义观及其时代意义——纪念恩格斯诞辰200周年》，《马克思主义研究》，2020年第11期。

［91］孙喜香、薛俊强：《恩格斯的马克思主义观及其当代启示》，《社会主义研究》，2020年第4期。

［92］逄锦聚：《〈马克思主义基本"原理"概论〉编写体会和讲授建议》，《思想理论教育导刊》，2007年第5期。

［93］江怡：《知识与信仰》，《光明日报》，2013年5月21日，第011版。

［94］冯天策:《信仰简论》,《光明日报》,2005 年 7 月 12 日,第 008 版。

［95］李淑英、邹巍:《马克思主义信仰养成规律和机制探析》,《东北财经大学学报》,2016 年第 4 期。

［96］李淑英:《涉身理性:自然化认识论发展的契》,《自然辩证法通讯》,2009 年第 4 期。

［97］梁树发:《谈谈马克思主义观》,《马克思主义研究》,1999 年第 6 期。

［98］张耀灿:《思想政治教育的特点和规律探析》,《思想理论教育》,2005 年第 2 期。

［99］刘献君、张俊超、吴洪富:《大学教师对于教学与科研关系的认识和处理调查研究》,《高等工程教育研究》,2010 年第 2 期。

［100］丛杭青、程晓东:《自然主义认识论的实用主义承诺》,《哲学研究》,2005 年第 10 期。

［101］V.O.Quine.Epistemology Naturalized［J］.H Kornblith.*Naturalizing Epistemology*［C］.Cambridge,mass: The MIT Press,1997.

［102］Hilary Kornblith,*Naturalism:Both Metaphysical and Epistemological in Midwest Studies in Philosophy*,XIX,1994.

［103］Robert Almeder. *Harmless Naturalism:the Limit of Science and the Nature of Philosophy*［M］.By Carus Publishing Company,1998.

［104］Lakoff & M. Johnson,*Philosophy in the flesh.The embodied mind and its challenge to western thought*,New York:Basic Books,1999.

［105］Mark L.Johnson,"embodied reason",Gail Weiss &Honi Fern Haber,*Perspectives on Embodiment*,Routledge,1999.

［106］S.Gallagher,*How the Body Shape the Mind*,Oxford:Oxford University Press,2005,

［107］A.Clark，"An Embodied Cognitive Science?"，Trends in *Cognitive Science*，1999(3).

附录：相关研究成果

1.《恩格斯的理论思维及其当代意义》

[摘要]恩格斯是基于哲学与自然科学、唯物主义辩证自然观和自然科学、主观辩证法和客观辩证法的关系上运用理论思维的，本意为理论化的辩证思维，是理论化形式和唯物辩证法内容的有机融合，具有内在性、批判性、发展性和时代性，是历史的产物。恩格斯把理论思维看作是"最重要的思维形式"，认为理论思维是一个民族想要站在科学最高峰的必要条件。他关于理论思维及其重要性的论述为创新和发展21世纪马克思主义提供了理论基础和思维路径。

[关键词]理论思维；辩证法；思维能力

在马克思主义理论语境中，恩格斯在《自然辩证法》一文中首次提出"理论思维"这一概念。恩格斯并没有明确给出理论思维的定义，但是从其文中的应用可以推断出这一概念的内涵。恩格斯主要是从哲学和自然科学的关系、唯物主义辩证自然观和自然科学的关系，以及主观辩证法和客观辩证法的关系上来理解和运用理论思维这一概念的。

理论思维是理论化形式和唯物辩证法内容的有机融合

恩格斯关于理论思维的运用主要集中在《反杜林论》和《自然辩证法》两

个经典文本中。恩格斯在《反杜林论》中对理论思维的运用,主要体现在对杜林的错误观点进行批判的过程中。因此,在这里理论思维既包括理论批判和理论反思,也包括与经验自然研究相对的理论自然科学,其内涵指的就是从具体到一般、对理论进行反思的思维形式,即理论化思维。理论化思维可以说就是"运用概念的艺术",概念、判断和推理作为理性认识的基本形式是理论化思维的载体。自然科学发展到一定阶段后必然需要理论的总结和升华,恩格斯指出,19世纪的自然科学已经发展到必须进行理论总结和理论升华的阶段了。如何进行理论综合呢? 就是运用一些概念,而运用概念所依赖的"艺术"就是理论思维,并且"运用这些概念的艺术不是天生的,也不是和普通的日常意识一起得来的,而是要求有真实的思维"①。这里所谓的"真实的思维"就是由客观辩证法反映到人的头脑的主观辩证法,而由客观辩证法到主观辩证法的转化,就是借助概念这一载体而形成的理论思维,由此可见,理论化思维是"理论思维"这一概念的基础内涵。

恩格斯关于理论思维的直接论述集中在《自然辩证法》一书中。在书中,恩格斯对理论思维的运用,是基于哲学和自然科学、主观辩证法和客观辩证法的区别和联系,理论思维的内涵主要是指基于唯物辩证法的思维形式,即辩证的思维。辩证的思维是指反映客观辩证法的主观辩证法,是自然过程反映在人的头脑中,经过加工改造后形成的概念的系统。在恩格斯那里,所谓主观辩证法,不过是自然界客观存在的本质和规律在人的头脑中以概念的形式体现出来而已。但这并不意味着主观辩证法是被动的和固定的,恰恰相反,自然界中的对立统一反映在概念体系中,而概念体系经过加工后反过来又深化客观进程的发展。"这些对立通过自身的不断的斗争和最终的互相转化或向更高形式转变,来制约自然界的生活。"②因此,辩证的思维是"理论思

---

① 《马克思恩格斯文集》(第9卷),人民出版社,2009年,第16页。

② 《马克思恩格斯文集》(第9卷),人民出版社,2009年,第470页。

维"这一概念的核心内涵。

理论思维是理论化思维和辩证的思维的有机融合，它是与非理论化的辩证思维相对的。非理论化的辩证思维形式主要是指自发的辩证法、形而上学的思维形式，以及未形成概念系统的辩证思维。理论思维是已经形成相对完备的概念体系的唯物辩证思维，一方面与未形成概念系统的辩证思维，如"原始的、素朴的、但实质上正确的"古希腊哲学的世界观相对立；另一方面，也与唯心主义辩证思维相对立。国内学者孙正聿曾在他的《恩格斯的"理论思维"的辩证法》一文中，指出恩格斯对辩证法的重大贡献就是"在理论思维的层面上系统阐述辩证法"①，并在此基础上揭示了自发的、为形成体系的辩证法与自觉的、系统的辩证法的关系，以及形而上学思维和辩证思维之间的关系。

恩格斯充分肯定了黑格尔的辩证法，但他同时也指出，黑格尔并没有能够完成他自己提出的思维的任务，即把人类历史看成是在人类本身的发展进程基础上，进一步透过一些表面的、偶然的现象去探索背后的内在规律性。黑格尔不仅没有完成这个任务，而且在黑格尔的辩证法体系中还内含着一个无法解决的内在矛盾，这个矛盾就是既然人类的历史是一个发展进程，这个进程按照其本性而言就不会因绝对真理而终结，但是黑格尔又把历史进程归结为绝对真理的自我展开。黑格尔体系所内含的这一矛盾，恰好说明了人类对于外部世界形成的系统的认识，是可以随着历史发展而不断发展的，即黑格尔的唯心主义辩证思维内在矛盾的存在反证了唯物主义本质上就是辩证法。由此，唯物主义与辩证法在本质上是一致的，而辩证唯物主义和历史唯物主义也并不是凌驾于科学之上的哲学，而是本身就与自然科学是一致的。进而，哲学与科学从本质上讲也是一致的，只是二者所展现的形

---

① 孙正聿：《恩格斯的"理论思维"的辩证法》，《哲学研究》，2012 年第 11 期。

式不同而已。由此可见,理论思维就是哲学思维,是理论化思维和唯物辩证思维的有机融合。

理论思维是历史的产物,具有内在性、批判性、发展性和时代性

理论思维是理论化形式和唯物辩证法内容的有机结合,而理论化思维和辩证的思维自身都具有历史性,都是一定历史阶段的产物。关于思维的科学,例如关于逻辑的讨论一直都没有停止,无论是亚里士多德提出的形式逻辑,还是一直备受争议的归纳逻辑,虽然在自然科学发展进程中,缺少不了逻辑的陪伴和相助,但是对于逻辑自身的一些思考并没有形成定论。辩证法自身也经历了从朴素的、自发的辩证法,到机械的、形而上学辩证法、唯心主义辩证法,再到唯物主义辩证法的发展进程,而且随着人类实践的不断发展,唯物主义辩证法也在不断创新和发展。因此,作为理论化思维和唯物辩证思维相融合的理论思维,也必然是随着人类社会历史实践的不断发展而不但变化发展的,而且必然烙上时代的印记。"每一个时代的理论思维,包括我们这个时代的理论思维,都是一种历史的产物,它在不同的时代具有完全不同的形式,同时具有完全不同的内容。"①

理论思维具有内在性的特点,这里的内在性主要是和经验思维相对而言的,可以从感性认识和理性认识的辩证关系、客观辩证法和主观辩证法的关系来理解理论思维的内在性。理论思维的内在性特点体现在它不仅能够直接反映事物之间的相互联系,还能够对这些联系进行加工,获得关于这些联系背后的更本质的规律性存在。经验是人类一切观念的来源,"一切观念都来自经验,都是现实的反映——正确的或歪曲的反映"②。而基于经验的观察法是也自然科学发展最初的方法,因此可以说经验思维是开启人类认知的最初的思维。虽然经验思维非常重要,但是要实现人类认识的进步,就必

---

① 《马克思恩格斯文集》(第9卷),人民出版社,2009年,第436页。

② 《马克思恩格斯文集》(第9卷),人民出版社,2009年,第344页。

须实现由经验思维向理论思维的转化,因为经验是外在的、具体的、现象的、直观的,必须转化为内在的、一般的、本质的和理性的。正如恩格斯在描述 19 世纪自然科学发展进程的时候提到的,"经验的自然研究已经累计了庞大数量的实证的知识材料,因而迫切需要在每一研究领域中系统的和依据其内在联系来整理这些材料"。不仅如此,随着人类知识大厦的不断累积,自然科学的各个领域之间的关系也开始凸显出来,也迫切需要理论思维来对这些关系进行思考,因为在以关系为研究对象的理论研究领域,"经验的方法不中用了,在这里只有理论思维才管用"①。

理论思维具有批判性的特征,这种批判性源于马克思把他的辩证法标注为"批判的和革命的",以及"思维所揭示出的内在矛盾"②。虽然学界对马克思的辩证法和恩格斯的辩证法进行了区别,认为马克思的辩证法是理论辩证法,注重的是从认知主体出发的对理论和现实的批判性反思,而恩格斯的辩证法则是自然辩证法,注重的是物质世界的客观的、不以人的意志为转移的、最一般的本质和规律,强调的是辩证法的客观性和现实性。但二者在辩证法本质理解上的区别是相对的,一方面恩格斯在《反杜林论》中,明确表示他的写作是在马克思的支持下进行的,尤其是关于辩证唯物主义自然观和历史观的创立过程,更是延续马克思的观点和立场。另一方面,恩格斯关于哲学基本问题的概括和总结,也充分说明,恩格斯并不是把辩证法仅仅看成是自然界最一般的本质和规律,还包括理论反思和理论批判。因此,以唯物主义辩证法为内容的理论思维在本质上也具有批判性和革命性。

理论思维具有发展性和时代性,是源于现实又引领现实的思想力量。恩格斯把理论思维看成是"运用概念的艺术",而概念自身就不是固定的东西,会随着语境和历史发生变化,作为"运用概念的艺术"的理论思维也必然随

---

① 《马克思恩格斯文集》(第9卷),人民出版社,2009年,第435页。
② 王南湜:《辩证法何以本质上是批判的?》,《哲学分析》,2015年第6期。

着语境和历史的变迁而变化和发展，其变化和发展的依据就是人类社会历史实践。而且理论思维是由客观辩证法决定的主观辩证法，"我们的主观思维和客观世界遵循同一些规律，因为两者的结果最终不能互相矛盾，而必须彼此一致，这个事实绝对地支配着我们的整个理论思维"①。随着客观世界的变化与发展，理论思维必然与客观世界保持一致而发生变化和发展。因此，这里的发展性可以从两个方面来理解，一方面是作为理论思维形式的理论化思维自身会有从低级向高级的发展进程；另一方面，作为理论思维内容的辩证的思维也会随着概念的演变和实践的发展而不断创新和完善。

理论思维为创新和发展 21 世纪马克思主义提供基础和依据

"理论思维的起点决定着理论创新的结果"②，恩格斯关于理论思维及其重要性的论述为创新和发展 21 世纪马克思主义提供理论基础和思维路径。恩格斯把理论思维看作是"最重要的思维形式"，认为理论思维是一个民族想要站在科学最高峰的必要条件，中国化马克思主义者也充分认识到了理论思维的重要性并贯彻于中国特色社会主义理论体系中。

首先，辩证的思维是最重要的、最高的思维形式。从人的思维的历史、辩证法的演变以及自然科学发展进程几个方面都可以看到，当自然科学发展到一定阶段后，必然会促使人类思维的转变。不仅对自然科学，而且对社会科学研究，甚至所有理论研究，乃至人类生活领域，唯物主义辩证法都是最重要的思维方式，"一旦进入'研究领域'，我们就会发现，形而上学的思维方式正像恩格斯所说的那样，'遇到最惊人的变故'"，而且也只有在肯定和否定相互包含中，才能真正理解人类自身。

其次，经验主义离开理论自然科学就寸步难行。经验主义没有了理论思维，要么仅仅停留在外在的表象世界，无法真正认识外部世界，要么迷恋于

---

① 《马克思恩格斯文集》(第 9 卷)，人民出版社，2009 年，第 538 页。
② 习近平:《在哲学社会科学工作座谈会上的讲话》，《人民日报》，2016 年 5 月 19 日。

经验世界而陷入唯心主义。所以缺少了理论思维的经验,就不能成为人类认识进步的基础。

再次,恩格斯把理论思维看成是一种与生俱来的、需要培养和发展的一种素质,而培养和发展理论思维的途径就是学习以往的哲学。

最后,每一个时代都有每一个时代的理论思维,每一个时代的理论思维都具有每一个时代理论思维的特征。理论思维的必要性和重要性决定了提升理论思维能力的必要性,而要提升理论思维能力就要在学习理论知识基础上进行理论反思和理论批判,善于由感性认识上升到理性认识、善于从社会历史实践中去把握现象背后的本质和规律。

——发表于《人民论坛》(2021.03)

2.《马克思主义信仰养成规律和机制探析》

[摘要]关于马克思主义信仰的确立国内已经有比较深入的研究,其研究的切入点也各不相同。论文从马克思主义信仰的特征入手,基于"信"与"仰"的辩证关系、知行理论和涉身认知理论,对马克思主义信仰的养成规律和机制展开分析。马克思主义信仰养成的过程是主体自觉把知识转化为精神支柱和行动指南的过程,是世界塑造主体、主体改造世界的相互建构过程。这一过程经历了识、思、信、仰、践五个阶段,这五个阶段是有机整体,相互影响;实现每一个阶段的途径分别为:学习、批判、深知、遵循和行动。马克思主义信仰的养成机制包括内在主体机制和外在规范机制两个方面。

[关键词]马克思主义信仰;知行关系;涉身认知;实践

马克思主义是我们立党立国的根本指导思想,是全国人民团结奋斗的共同理论基础,是确保我们始终沿着正确方向前进的根本思想保证。国内和国际发展形势表明,我国社会正发生着深刻的历史变革,社会生活的多元化,社会思潮的多样性,以及人们思想的独立性和差异性等趋势不断增强。这些情况一方面激发了人们的进取精神和创造力,但同时也给全国人民思想意志的统一,以及我国社会主义建设的正确方向提出严峻的挑战。面对这种情况,只有学习、掌握并坚持马克思主义作为我们行动的指南,真正树立马克思主义信仰,才能有效整合各种各样的利益诉求和价值观念,坚持社会主义思想,从而在全社会形成强大的凝聚力和共同的意志。

一、马克思主义信仰的本质和特征

人们对信仰的关注最初是和宗教联系在一起的,其内涵就是把某种存在(物、知识、信念等)作为精神支柱和行动指南。根据信仰内容的不同,信仰也经历了自然崇拜、宗教信仰、理性信仰、科学信仰、政治信仰等几个阶段。马克思主义信仰有别于一般的宗教信仰,其根本特征是基于实践基础上科学性和革命性的统一,因此马克思主义信仰是科学信仰和政治信仰的统一。

(一)信仰的含义和本质

古今中外,信仰有着不同角度的诠释。《说文解字》中指出,"信,诚也,从人从言","仰,举也,从人从卬"。"言"则是确信的论断,还表示已成体系的学说,常与道德有关,而"仰"则有"仰视""高举"之义。因此,这里的"信仰"可以看作社会性个体主观确信的用以指导行为的观念和行为准则。《辞海》则将信仰定义为,个体对宗教或者主义的相信和尊崇,并将它作为自己的言行准则来奉行。对于西方文明而言,最初的"信仰"一词几乎等同于神学宗教信仰,而且与理性完全不相关,早期基督教神学家德尔图良曾说:"正因为它荒谬,我才相信。"①《大不列颠百科全书》中对信仰的定义是:"信仰是在没有理性认知的前提下,就接受未被确认为真实的命题的一种心理状态。"②

综合国内外对信仰的论述,可看出,信仰的本质是个体基于认知自觉形成并对之形成依赖的精神支柱和行动指南。信仰和理性最初是对立的范畴,但是随着人类社会的发展,以及人类对世界认知的不断提升,信仰的内容不断发生变化,信仰与理性的关系也发生了变化。中世纪的信仰几乎成为宗教迷信的代名词,显然这种信仰是不理性的。文艺复兴和启蒙运动之后,信仰逐渐摆脱浓厚的迷信色彩,进入"去魅"阶段。时至今日,人们所谈及的信仰不再是纯粹的非理性信仰,而是更多从理性认知的角度追求高层次的理性信仰。理性信仰不仅仅代表着其信仰对象为理性,更强调的是其理性的信仰态度、思维方式和价值判断。理性与信仰关系的转变也包含了信仰内容的转变,信仰经历了从自然崇拜、宗教信仰,到理性信仰、科学信仰和社会信仰的转变,尤其是马克思主义诞生以后,这种转变成为一个显现的过程。

(二)马克思主义信仰的含义和特征

马克思主义信仰的本质就是把马克思主义理论作为行为者的精神支柱和行动指南。其根本特征为:第一,它是理性信仰;第二,它是科学信仰和政治信仰的统一。

马克思主义信仰作为理性信仰的代表,实现了理性和非理性的辩证统一。一般的宗教信仰理论大多都是建立在非理性或非推理的简单学说之上,以创世说、轮回说和神灵说等为出发点,用某种神秘存在的力量来解释世界上的万事万物及其运动。尤其是对于人类社会的发展及其规律的认识更是

① [美]S.E.斯通普夫、J.菲泽:《西方哲学史》,匡宏、邓晓芒译,世界图书出版公司,2009年,第114页。

② 《简明不列颠百科全书》,中国大百科全书出版社,1985年,第659页。

如此,常宣扬恐怖或者世界末日,使人们逃避现实,用精神力量来解脱现实的束缚,进而用所谓的"来世""天堂"等虚构的存在来构建人们的理想生活空间。虽然这样的学说也许在短暂的时间内能够起到自我安慰的作用,但是经不起推敲和反思,而且对于人自身的提升和发展,以及现实社会的进步都没有具体的帮助。

马克思主义信仰则不同,它的科学性来自于科学的理论基础——马克思主义理论。马克思主义理论具有科学性,它是对客观世界及其规律的正确反映,尤其是对人类社会的本质和规律的阐释,突破了传统的唯心主义历史观。马克思主义从世界统一于物质这一立场出发,具体阐述了人类社会发展的决定性因素是生产力这一物质性力量;人类社会发展的根本动力就是社会的基本矛盾,即生产力与生产关系、经济基础与上层建筑的矛盾;人类社会发展的直接动力是社会革命;人类历史的创造者即人类社会发展的推动者是人民群众。马克思主义唯物史观清晰地表明了人类社会发展的动力、道路、方向以及主体,对现实社会发展具有直接的指导意义。而且马克思主义对共产主义社会的理性建构也是建立在历史和现实的必然逻辑之上的,站在无产阶级的立场上,运用科学方法作出的科学展望。正如列宁所指出的:"马克思的全部理论,就是运用最彻底、最完整、最周密、内容最丰富的发展论去考察现代资本主义。"①

马克思主义信仰不仅仅是理性和非理性辩证统一的科学信仰,还是对人类社会发展具有现实指导意义的政治信仰,是科学信仰和政治信仰的统一。马克思主义信仰是政治信仰,这是由马克思主义理论的本性决定的。马克思主义是在无产阶级革命实践中产生、发展起来的,是无产阶级根本利益的科学表现,它以维护以劳动人民为主体的最广大人民的根本利益为指向,

---

① 《列宁选集》(第三卷),人民出版社,2012年,第186页。

它的主旨是实现共产主义的理想社会目标和人的自由全面发展。因此,马克思主义信仰从诞生开始,就具有鲜明的阶级性,"哲学把无产阶级当做自己的物质武器,同样,无产阶级也把哲学当做自己的精神武器"①。马克思主义具有鲜明的政治立场,马克思主义者毫不隐讳自己的阶级本质,公开申明是为无产阶级和人们大众服务的,坚持了无产阶级解放和人类解放的有机统一。"马克思的哲学是完备的哲学唯物主义,它把伟大的认识工具给了人类,特别是给了工人阶级。"②这也是马克思主义理论之所以能够成为信仰,而其他社会理论却无法转变为信仰的根本原因所在。

二、马克思主义信仰养成过程及其理论依据

信仰是人类所特有的社会现象,任何社会现象都是社会背景下主客体相互作用的实践过程。马克思主义信仰是把马克思主义作为其信仰内容的,马克思主义是由马克思、恩格斯创立的,为他们的后继者所发展的,以反对资本主义、建立社会主义和实现共产主义为目标的科学理论体系,其实质是一种知识形态的存在,而信仰的本质则是一种内在的精神形态的存在。因此,马克思主义信仰的养成过程实质上就是在实践基础上把马克思主义由知识形态转化为信仰形态,在实践中把马克思主义由外在认知转化为内在行动。

从对马克思主义信仰的养成过程的分析中可以看到,马克思主义信仰的养成既是作为社会性个体的人的认知转化过程,也是一个现实的实践过程,因此要探究其养成规律,就必须依赖关于人类认知规律的知识以及人类实践行为规律的知识。具体讲,我们可以从三个方面来分析马克思主义信仰

---

① 《马克思恩格斯选集》(第一卷),人民出版社,2012年,第16页。
② 《列宁专题文集·论马克思主义》,人民出版社,2009年,第68页。

养成的理论依据。

(一)"信"和"仰"的辩证关系

马克思主义辩证法是认识世界和改造世界的根本方法。从辩证法来看待信仰的养成,必须搞清楚"信"和"仰"的关系。"信"是"仰"是辩证统一的关系,"信"是"仰"的前提和基础,"仰"是"信"的方向和目标,实现"信"是到达"仰"的必要条件,"信仰"的养成实质是在达到"信"的基础上把"信"的内容在一定条件下转化为"仰"的内容的过程。因此,如何实现从"信"到"仰"的转化,就成为信仰养成的关键。

"信"是信仰养成的基础,如何达到"信",既是一个理论问题,也是一个实践问题。马克思主义是科学的理论体系,是对自然界、人类社会和人类思维的规律性认识,但是如何让人们相信马克思主义的科学性,这就要依赖人们对马克思主义信仰的学习和认知。"仰"是指导人们的认知的,是人们认知的目标和目的。当然,从"信"到达"仰"并不是一蹴而就的,而是要经历很多环节。对这些环节的具体规范,我们可以借助人们对知行关系的研究,从中汲取理论依据。

(二)知行关系理论

信仰不仅涉及所信仰内容的科学性和合理性,而且是与信仰主体的利益和价值需求紧密相关的,信仰的养成过程就是主体在实践中树立其价值观的过程,因此信仰养成过程的实质是信仰主体知、行、意相统一的过程。

知行关系是伦理学的核心内容,中国传统思想尤其是儒家传统,特别注重知行关系的讨论。对知行关系的讨论,最初的观点主要是先知后行并且重行轻知。孔子曰:"行有余力则以学文。"这种知为先、行为后的说法,是我们的常识,但是人们更多强调的是知行合一,这种知行合一不仅仅是道德要求,更是一种本体论的刻画。苏格拉底就有"德性即知识"的著名论断。王阳明的核心学说之一就是:"未有知而不行者,知而不行只是未知",而且"知者行之始,行者知之成。圣学只一个功夫,知行不可分作两事"。①王阳明这些论点不仅是要劝勉人们言行一致,而且主张知行合一说,知行原本就是一回事。

对于伦理道德的知行合一没有太多的争论,关于知行合一的争论主要集中在本体论层次上的知行合一。②而重要的问题是如何达到知行合一。近代印度圣哲奥罗宾多描述人类意识发展的十个阶段的模型为:感觉运动、元气-情绪-性欲、意图心智、感觉心智、推理心智、高等心智、光明心智、直觉心智、超越心智、之上心智;认知心理学的发展阶段是从意象、象征、概念到规则;道德心理学的发展阶段是从前成规、成规到后成规。③但是这些探究要么是精神层面的分析,要么是从认知的内在过程展开,没有能够认识到知行之间所内含的认知主体内外之间的一致性。

知行关系在马克思哲学范畴中体现为认识与实践的关系。认识与实践的辩证关系是:实践决定认识,认识反作用于实践。马克思主义更加注重实践的决定性作用,正如马克思所说的,哲学家只是在用不同的方式解释世界,而问题的关键在于改造世界。但是同时也并未忽略认识的反作用,而且作用和反作用作为一对对立的范畴,其显现过程是一致的,即作用过程的同时也是反作用过程。如何达到认识与实践的统一,也是马克思主义认识论的核心问题之一。

马克思主义从认识产生的角度把认识分为感性认识和理性认识两个阶段,而对实践具有反作用的是理性认识。那么如何实现认识与实践的统一,

① 吴光等编:《王阳明全集》(上),上海古籍出版社,2011年,第5页。

② 陈嘉映:《何为良好生活:行之于途而应于心》,上海文艺出版社,2015年,第137~152页。

③ [美]肯恩·威尔伯等:《意识的转化》,李孟浩等译,东方出版中心,2015年,第2~3页。

换言之,如何达到知行合一呢? 一种观点是"深知而与行合一"①。要达到知行合一,首先根据知的程度把"知"划分为浅知和深知,然后根据行动的性质把"行"划分为被动行和自觉行,这样知行关系就可以组合为四种,即浅知而被动行、深知而被动行、浅知而主动行、深知而主动行。我们所寻求的知行统一必然是深知而主动行,或言"深知而与行合一"。所以要实现知行的统一就必须实现深知、实现主体的能动的行动。深知是对认知的要求,主动行则是对行为主体能动性的要求。

中国传统文化是我们汲取营养的源泉。古代先贤虽然没有正面回答这个问题,但是其思考却都围绕这个问题。出自《论语·为政》中的"学而不思则罔,思而不学则殆"。注重学习和思考相辅相成,并认为学和思结合起来才是真正的理解,真正的学习。出自《礼记·中庸》中著名的为学之道,即"博学之,审问之,慎思之,明辨之,笃行之"。通过五个阶段的不断升华,才能真正达到知行合一。对于这些看似简单,实则具有深奥道理的儒家学说,习近平总书记多次在讲话中提到,而这也成为我们思考马克思主义信仰养成的直接的思想源泉。

(三)涉身认知理论

对涉身性(embodiment)这一概念的理解,一般学者都认为其意义来源于胡塞尔的"生活世界"概念和梅洛–庞蒂的知觉理论。"在胡塞尔那里,生活世界并不是一个自在的世界,而是一个与人的活动息息相关的世界,是具有人的意向性视域的现象世界,在我们能对世界反思和进行科学解释之前,我们已经处在对世界的经验中了,已经与世界有了涉身的意向性和生存的适应

---

① 陈嘉映:《何为良好生活:行之于途而应于心》,上海文艺出版社,2015 年,第 150 页。

性。"①类似的,梅洛-庞蒂也在其《知觉现象学》中论证了这样的观点,他认为知觉和心理的表征总是发生在情境中的,是由涉身主体在与世界持续有目的的打交道中建构出来的。因此,涉身性概念的内涵在于与境的身体以及它与生活世界的交互作用。②对于涉身性概念的理解,"不仅包括以身体为基础的与生活世界的交互作用,还包括更广阔的生物学意义的、进化的、基于实践活动的和社会文化情境的。涉身性的提出在于取消传统认知研究中的身心二元论"③。

基于对涉身性的理解,涉身认知的核心观点就是人类心智和认知过程都是涉身的。正如梅洛-庞蒂所说:"我们说人类之所以有'行为模式',是因为有身体这个奇异的对象,它使用自身的某些部分作为世界的通用符号系统,通过身体我们可以在这个世界上'无所拘束'的'理解'它,并且发现其中的意义。"④

我们是通过物理的实在——身体,与外在世界直接进行交互作用,进而形成认知和思维活动,因此感知、陈述、行为等赋予外在世界以意义的同时,自身也通过外在世界获得存在的意义。在涉身认知理论中具有核心地位的就是作为物理实在的身体与外在世界的交互作用。在涉身认知中,身体并非是一个心灵的载体或容器,而是一个能够与外在世界相互建构的,生理、心理和社会等特性有机结合在一起的认知主体,具有能动性,且能够不断的自我进化。因此,在涉身认知理论中,身体尤其是生物性身体也具有特别重要的地位,它是主体的认知基础,是完成主体初级意识活动的前提。但是生物性身体并非涉身性的全部,与境中的身体,即与外在世界交互作用的身体,

---

① 李淑英:《涉身理性:自然化认识论的发展契机》,《自然辩证法通讯》,2009 年第 4 期。

② Michael L. Anderson, Embodied Cognition: A Field Guide, *Artificial Intelligence*, 2003, 149(1).

③ 李淑英:《涉身理性:自然化认识论的发展契机》,《自然辩证法通讯》,2009 年第 4 期。

④ Merleau-ponty M., Phenomenology of Perception, Routledge, 1962, pp.67-68.

才是涉身性概念中"身"的内涵和本质。因此,在主体认知过程中,起到重要作用的不仅仅是生物性身体,而是一个与境中的身体。这样一来,作为与境中的身体,其认知过程也是受到外在的自然物理环境和文化社会环境的双重影响的。"除了通过与身体的互动来影响涉身认知以外,外在环境在很大程度上也弥补了身体性功能和认知的缺失,使得不同身体认知的人,在一定程度上完成了认知和思维的趋同,为广泛的社会互动(比如政治信仰和社会运动)提供基础条件。"①

由此可见,涉身认知的关键就是,把认知看作是一个身体与自然物理环境和社会文化环境进行不断互动的过程,因此人类的认知过程具有身体性、情境性、交互性和社会性。认知是信仰的基础,信仰的养成必然也要遵循人类认知的规律,即信仰的养成过程也是在生物性生命个体的基础上,综合情境性、交互性和社会性的过程。

三、马克思主义信仰养成的规律

基于马克思主义信仰养成的理论依据,即"信"与"仰"的辩证关系、知行理论和涉身认知理论,借鉴《礼记·中庸》中的为学之道,马克思主义信仰的养成过程可分为识、思、信、仰、践五个阶段。这五个阶段具有递进关系,并且是一个相互影响、不可分割的有机整体。实现每一个阶段的途径分别为:学习、批判、深知、遵循和行动。

(一)学习——识

马克思主义的基本理论是马克思主义信仰的理论基石和思想源泉,没

---

① 周昌乐:《作为认知手段的隐喻及其涉身性分析》,《心智与计算》,2008 年第 3 期。

有理论的学习,便没有信仰实践。马克思主义理论的学习是养成马克思主义信仰的前提和基础,如果没有对马克思主义的正确认识,就不能形成真正的马克思主义信仰。学习马克思主义的过程就是获得信仰内容及马克思主义理论知识的过程。学习马克思主义的关键,首先在于摒除关于马克思主义的偏见,从知识获取的角度对马克思主义形成感性认识,即对马克思主义的形成、发展以及内容进行全面系统深刻的认识。"马克思主义的全部精神,它的整个体系,要求人们对每一个原理都要(α)历史地,(γ)都要同其他原理联系起来,都要同具体的历史经验联系起来加以考察。"①

(二)批判——思

获取关于外部世界的感性信息仅仅是人类认知的开始,"这是整个认识过程的第一个阶段,即由客观物质到主观精神的阶段,由存在到思想的阶段"②。在理论学习的过程中,如何由对理论的感性认识上升为理性认识,这就需要理性思考,即批判性思考。这种批判性思考有两个层面,一方面是从认识客体角度讲,马克思主义理论自身就具有批判性的特征,它本身就是发展着的理论,需要与实践相结合来认识和思考马克思主义。正如恩格斯所言,我们的理论是不断发展着的理论,而不是必须背得滚瓜烂熟并机械的加以重复的教条。因此,要形成对马克思主义的科学认识,就应该是一种批判性反思,在获取马克思主义理论知识的同时,结合具体的经验和实践对其进行思考。另一方面,从认识主体角度讲,真正获得关于马克思主义的知识过程并不是静止的,而是一个学习—反思—再学习—再反思的不断运动的过程,是认知主体不断完善自我认知的过程,也是对马克思主义理论不断深化认识的过程。这一过程就是我们到达深知的过程,即思考是到达深知的根本

---

① 《列宁专题文集·论马克思主义》,人民出版社,2009 年,第 163 页。
② 《毛泽东文集》(第 8 卷),人民出版社,1999 年,第 320 页。

途径,如果没有反思,就无法对马克思主义形成科学的认识,根本就无法谈马克思信仰的养成。

(三)深知——信

在对马克思主义进行批判性反思的基础上,形成对马克思主义的深知,即不仅仅是对作为知识形态的马克思主义形成科学认识,而且成为一种体己的情绪认知。作为信仰形态的马克思主义,不仅仅是一种知识,还是一种情感依赖。如何由知识状态的理性认识转变为信仰状态的情感认知,其关键就在于能否对客体(信仰对象)形成深知。所谓的深知就是指能够和行合二为一的认知,既包含认识,也包含行动,更包括作为完整的人的不可分割的非理性因素,如意志、心境、情绪等。所以深知不仅仅是知,而是把知转化为行的过渡阶段,是区分知与行的基础,同时又是把知与行结合起来的基础。换言之,深知就是把马克思主义理论的基础观点、方法和立场内化为自我的世界观、人生观和价值观的基础。

(四)遵循——仰

深知是把马克思主义内化的基础,而仰则是把马克思主义内化为自我价值观并作为行为规范加以遵循的过程。这个过程指作为实践主体的人发挥主观能动性,在思想上自觉坚持马克思主义,把马克思主义作为理论指导和理想指引,在行为上有意识地运用马克思主义的立场、观点和方法来分析和解决问题,提升自身的实践能力。"理论与实践的统一,是马克思主义的一个基本原则"[①],也是养成马克思主义信仰所要遵循的基本原则。信仰的真正养成,不仅仅是把信仰内容作为真理来对待,更主要的是把所信仰的内容作

---

① 《毛泽东文集》(第7卷),人民出版社,1999年,第90页。

为自己的行动指南和精神支柱,实质是信仰是实践主体的精神力量的体现。因此,要达到仰,就必须在对信仰内容形成深知的基础上,有意识地能动地在思维和实践过程中遵循信仰内容。因此,马克思主义信仰的实质就是把马克思主义作为世界观、人生观和价值观,作为行动指南和精神支柱。

这一阶段是马克思主义信念养成的关键阶段,也是最重要的阶段,因为这个阶段面临的是理论和实践二者之间的鸿沟。理论和实践是统一的,是基于物质统一性基础之上,但是固有的身心二元论,以及物质和精神世界的二分,必然导致理论和实践在现实生活中的二分,所以如何真正实现理论和实践的统一是这一阶段所面临的主要问题。

(五)行动——践

理论并非目的,实践才是马克思主义信仰的本质。马克思曾提出:"全部社会生活在本质上是实践的。凡是把理论引向神秘主义的神秘东西,都能在人的实践中以及对这个实践的理解中得到合理的解决。"[①]马克思主义信仰不仅仅存在于信仰者的精神领域, 还体现在信仰者的革命实践活动和无产阶级建设实践当中, 在这样的社会实践活动中马克思主义信仰才真正拥有改造世界的力量。信仰者在利用马克思主义理论进行个人的自我革新和对外在世界的改造时, 真正地将理论及其方法论等作为引导自身思维和行为的坐标和准则,在这样的实践中,马克思主义信"仰"才得以确立。

这五个阶段之间的关系,一方面是递进的关系,前一个阶段是后一个阶段的基础,即学习是批判的基础,批判是深知的基础,深知是遵循的基础,遵循是行动的基础。由此,通过学习达到识是马克思主义信仰养成的开始,而通过行动达到践是马克思主义信仰的确立。另一方面,这五个阶段又是相互

---

① 《马克思恩格斯选集》(第一卷),人民出版社,1995年,第56页。

渗透的,例如通过批判达到思,在批判过程中不可避免地渗透对马克思主义理论的学习,同时批判的过程本身就是对马克思主义理论中信与不信的划分,而对于信的内容的思考又是制定实践目标和计划的依据,直接决定着行动。因此,这五个阶段和过程在具体实践中是相互融合的有机整体。

四、马克思主义信仰养成的机制

马克思主义信仰的养成过程包含着丰富的内容,因此具有复杂的机制。马克思主义信仰的养成机制可以从内在和外在两个层面来分析,内在机制主要是指,作为信仰主体的现实个体的人发挥主体能动性树立马克思主义信仰;外在机制主要是指,信仰主体所处的生活世界(自然的和社会的)各因素对信仰养成的影响和作用。

(一)内在机制

马克思主义信仰养成的内在机制主要是指作为信仰主体的现实个体的人主体能动性的发挥。一方面,现实个体的人的主体能动性是马克思主义信仰养成的前提条件;另一方面,主体能动性在马克思主义信仰养成的每一个阶段具有不同的表现形式。

通过分析信仰养成过程的诸环节,我们可以清晰地看到,每一个阶段都离不开实践主体的主体能动性的发挥。人们是通过身体与外在世界直接产生交互作用,从而发生认知和思维活动,生物性身体在人的认知过程中起到了基础作用,身体活动完成了初级的意识活动,而信仰是建立在初级意识活动基础上的高级意识形式。由此,信仰的养成,同样重视信仰者能动或主动的涉身实践和与外在环境的交互影响。在养成马克思主义信仰过程中,作为信仰主体的个体,应当充分调动和发挥人的主体能动性,从理论学习、社会实践和批判性思维养成等方面加强自我培养。信仰养成者在加深对马克思主义理论的理解,吸收消化其中的立场、科学方法论后内化为自己言行的规范原则,同时,也应该积极参与社会实践,在实践中实现对个人的自我革新和对外在世界的改造。此外,学会用批判性思考作为思想武器,反思并调整自己的思维模式和行为方式,最终实现信仰与人的有机结合和共同升华。

在信仰养成的每一个阶段,主体能动性发挥的具体表现形式不同。在通过学习达到识的阶段,主体能动性体现在认知个体排除关于马克思主义的先有观念,对马克思主义及其理论知识进行系统认知,所以这个阶段主体能动性表现为摒除"先见"。这里的"先见"既包括所谓对马克思主义理论的偏见,也包括对马克思主义理论的机械理解。虽然波普尔曾经批判培根关于剔除偏见进行纯净观察而获得知识的观点是天真的,而且学界也普遍认可了"观察渗透理论"的观点,但我们不能否定的是,先见确实对知识的获取具有重要的影响。因此,对于马克思主义理论的学习需要摒除"先见"。

在通过批判达到思的阶段,主体能动性体现在认知主体的内在思维活动,运用逻辑思维方法具体分析马克思主义及其理论知识中的合理性因素和不合理之处,形成对马克思主义的"扬弃",因此这个阶段主体能动性的表现形式为"扬弃"。在通过深知达到信的阶段,主体能动性体现在认知个体基于前一个阶段扬弃的基础上,对马克思主义持有积极的认可并"接受"的态度,所以这个阶段主体能动性的表现形式为"接受"。通过遵循达到仰的阶段,主体能动性体现在认知个体由思维到行动的转化,这个阶段是由理论到实践、由思想到行为的升华阶段,所以这个阶段主要是这种转化和升华的意识,即有意识地把思想转化为物质的理论。这个阶段是整个过程中最重要的,也是最难的阶段,其面临的主要困境就在于理论与实践之间的鸿沟,而这一鸿沟是先天的、是必然的。所以这一阶段的主体能动性表现形式是最为根本的,就是主体意识,要意识到自己的主体地位,要意识到思维到行为的转化、要意识到理论到实践的飞跃。最后,通过行动达到践的阶段,主体能动性体现在行为个体的选择性和能动性上,这一阶段主要的是主体客体化的过程,是信仰确立的过程,所以这个阶段主要的就是"主体客体化"。

(二)外在机制

涉身认知给予我们的启示就是,人类认知离不开生物性、生理性和社会性有机统一的身体及其与外在世界的交互作用。同样,马克思主义信仰的养成在信仰主体发挥主体能动性的基础上,也不能离开信仰主体所处的"与境",即信仰主体所处的一定的自然的、物理的环境,以及社会的、文化的环境。尤其是作为理性信仰和政治信仰的马克思主义信仰的养成更是离不开信仰主体所处的"与境"。而且对于马克思主义信仰的养成而言,社会的、文化的环境比自然的、物理的环境更为重要,其作用更为突出。这里的社会的、文化的环境包括政治、经济、文化,国家、政府、民族,学校、家庭、社区、单位等多个层次、多个方面的影响要素。在信仰养成的每一个阶段,信仰主体所处的社会文化环境都对这一阶段的实现起到至关重要的作用。

当今中国所面临的马克思主义信仰的困惑,很大程度上都是源于改革开放以来,我国社会的、文化的环境的变化。西方文化的渗透,中国传统文化的式微,市场经济带来的一系列负面效应,学校、家庭以及社会养成信仰的缺失、网络技术的发展等社会各领域的发展和变化都对马克思主义信仰的养成提出挑战。因此,要养成马克思主义信仰,首要的就是从政治、经济、文化各个方面,加强政府、学校、团体以及家庭等各个层级、各个环节的分工和协作,而这种分工和协作在信仰养成的各个阶段又具有不同的体现。例如,在通过学习达到识的阶段,国家政府的作用在于引导,学校是这一阶段的主体,其作用在于学习知识,即把真正的马克思主义理论知识传授给每一个学生。社会文化环境对信仰的养成作用是潜移默化的,长期参与信仰养成从量变到质变的过程。优化信仰养成的外在社会文化环境方面是养成马克思主义信仰的必要条件,因此我国应该坚持大力提倡社会主义核心价值观,加强对社会舆论的引导,创新信仰教育模式、加强社会主义经济建设、统筹经济均衡发展、加强对文化市场的管理等。

总之,马克思主义信仰养成过程中,内在现实个体人的主体能动性的发挥和外在社会的、文化的环境之间也是相互影响、相互制约的。主体能动性的发挥有利于促进外部环境的积极影响,同时外部机制的运行也直接影响着主体能动性的发挥。

结　语

马克思主义信仰的养成是一个过程,是世界塑造主体,主体改造世界的相互作用过程。一方面,信仰的养成需要一个过程;另一方面,马克思主义信仰自身也不是僵化的。马克思主义信仰作为一种科学的信仰,反对宗教信仰中盲目的迷信,重视批判性思考,其实质就是尊重历史事实的实践反思;马克思信仰的养成是在个人活动和社会实践过程中,有意识地感知实践外部环境与精神内在认知的偏差,以批判性思考作为思想武器,反思并调整自己的认知、思维方式和行为模式的过程。因此,马克思主义信仰自身也并不是一成不变的,而是不断地进行自我批判和自我革新。在这个过程中,信仰者所养成的马克思信仰才能更臻完善。

——发表于《东北财经大学学报》(2016.06)

3.《中庸之道是中国人权自信的文化之根》

[摘要]人权是文明时代历史地形成的,文化是人权理论形成的基础,不同的文化传统建构不同的人权理论,中国传统文化是中国人权理论的基础。

中国人权自信源于人权理论研究摆脱"学徒状态"而走向"自我主张"。中庸之道是中国传统文化的精神特质:一方面,中庸所蕴含的"过犹不及""和而不同""权变时中"等思想为中国人权理论走向"自我主张"提供了方法论依据;另一方面,中庸蕴含着丰富的人权思想,为建构中国人权理论提供了思想资源。中庸作为中国人权自信的文化之根,其时代局限性体现为对作为个体的人及其权利的忽视。

[关键词]中国传统文化;中庸;人权;人权自信

习近平总书记在 2016 年 5 月 17 日的哲学社会科学座谈会上讲到:"哲学社会科学的特色、风格、气派,是发展到一定阶段的产物,是成熟的标志,是实力的象征,也是自信的体现。我国是哲学社会科学大国,研究队伍、论文数量、政府投入等在世界上都是排在前面的,但目前在学术命题、学术思想、学术观点、学术标准、学术话语上的能力和水平同我国综合国力和国际地位还不太相称。要按照立足中国、借鉴国外,挖掘历史、把握当代,关怀人类、面向未来的思路,着力构建中国特色哲学社会科学,在指导思想、学科体系、学术体系、话语体系等方面充分体现中国特色、中国风格、中国气派。"①习近平总书记的"5.17 讲话",直接而清晰地说明了建构自主的中国特色哲学社会科学话语体系的必要性,即它是自信的体现,是理论自信与文化自信的具体化。"5.17 讲话"还为中国哲学社会科学的发展确定了基本原则、道路和方向。"立足中国、借鉴国外,挖掘历史、把握当代,关怀人类、面向未来"表明了中国哲学社会科学的根基在于中国,坚持以人为本,继承和发扬中国传统文化,面对当代中国,解决中国问题,建构中国特色理论。因此,中国人权理论的建构是实现理论自信和文化自信的必然要求, 其研究和发展也必然依循

---

① 习近平:《在哲学社会科学工作座谈会上的讲话》,《人民日报》,2016 年 5 月 19 日。

这样的原则和道路,即中国人权理论研究必须继承和发扬中国传统文化,从中汲取思想资源,建构中国特色人权理论。要实现中国特色人权理论的建构必须首先厘清文化与人权,以及中国传统文化与人权的关系。

一、人权是文明时代历史地形成的,中国传统文化是中国人权理论建构的基础

人权思想并不是人天生就具有的,而是人类社会进入文明时代后,随着人们社会意识的不断增强而逐渐形成的。在进入文明时代之前的氏族社会中,人与世界是浑然一体的,人们没有世界之于人的对象化概念的存在,因此也不可能形成关于权利和义务等的概念,自然也就根本不会形成人权概念和思想。"在氏族制度内部,还没有权利和义务的分别;参与公共事务,实行血族复仇或为此接受赎罪,究竟是权利还是义务这种问题,对印第安人来说是不存在的;在印第安人看来,这种问题正如吃饭、睡觉、打猎究竟是权利还是义务的问题一样荒谬。"①随着社会的发展和人类物质财富的增多,阶级慢慢形成,与之相随的就是不同物质财富拥有者之间地位和权利的差异,而人权概念和思想就是在人们意识到丧失了某些权利并通过斗争争取这些权利的过程中逐渐形成的,"对基督教世界来说,人权思想只是上一世纪才被发现的。这种思想不是人天生就有的,相反,只是人在同迄今培育着他的那些历史传统进行斗争中争得的。因此,人权不是自然界的赠品,也不是迄今为止的历史遗赠物,而是通过同出生的偶然性和历史上一代一代流传下来的特权的斗争赢得的奖赏"②。

因此,人权从最初的概念起源上讲是伴随着斗争的,而这种斗争的对象

---

① 《马克思恩格斯文集》(第4卷),人民出版社,2009年,第178页。

② 《马克思恩格斯文集》(第1卷),人民出版社,2009年,第38页。

就是自己的历史。与自己的历史的斗争在形成了人权概念和思想的同时,也为人权思想和理论圈定了界限。从一般意义上讲人权是人人都具有的,但并不是人人都意识到并去争取进而享有的,而这种意识就来源于历史和文化,换言之,人权是具有局限性的,这种局限性来源于历史和文化。"人权是教育的结果,只有争得和应该得到这种权利的人,才能享有。"①因此,任何人权思想的形成和人权理论的建构都离不开现实的历史文化语境。

西方人权思想和理论的形成离不开西方社会历史文化传统。以古希腊作为开端的西方文化,个人主义是其重要特质,因此也就成为西方人权理论的基本原则。西方文化一直以来注重的是个体的自由和平等。人权思想最早可以追溯到古希腊时期关于个人权利的概念;古罗马法中有许多法律原则都体现了个体的自由和平等的思想;基督教教义中关于"人的普遍同胞关系"的表述也把平等的主体看作是独立个体的人;文艺复兴时期更是个人理性得以彰显的时期,它成为近代西方人权理论形成的直接理论资源,为西方人权理论的发展奠定了基础。不仅如此,古典自然法以自然权利的方式来表达人权概念,而这种自然权利的主体却是独立于人类整体的个体的人。从这样的个人主义文化传统中形成的人权概念,人权主体必然被论证为个体的人,马克思关于人权的研究虽然对个人主义有所反思,但也逃离不了这样的文化传统。正如马克思在《论犹太人》中对资产阶级人权概念下的定义,"所谓的人权,不同于 droits ducitoyen[公民权]的 droits de l'homme[人权],无非是市民社会的成员的权利,就是说,无非是利己的人的权利、同其他人并同共同体分离开来的人的权利"②。而且《弗吉尼亚人权宣言》《独立宣言》《世界人权宣言》等都把最终的权利主体看作是个体的人,把个人从社会整体中分割开来,将个人权利置于最高和最根本之处,这也成为西方人权理论的基本

①　《马克思恩格斯文集》(第1卷),人民出版社,2009年,第38页。
②　《马克思恩格斯文集》(第1卷),人民出版社,2009年,第40页。

原则。①因此,西方文化中个人主义在给予人权理论建构资源的同时,也为人权理论的建构确定了界限。

中国传统文化与人权的关系,从广义上讲是中国文化与西方文化的关系。文化方面中西对比有很多研究并形成一定的体系,这成为我们讨论中国传统文化与人权关系的直接资源。其中,在科学哲学领域中关于中国古代有无科学,即李约瑟问题的讨论已经逐渐成熟,并形成了高水平的成果,深入分析这个问题,对中西文化的比较具有重要意义。中国传统文化与人权的关系类似于中国古代有无科学这一讨论。"人权"是舶来语,具有普遍性的价值,人权概念是在西方话语体系中形成的,如果要真正理解人权就必须从其形成历史中去把握,正如吴国盛在《科学是什么》一书的序言中说的:"今天我们称之为科学的东西本来就来自西方,要理解什么是科学,必须回到西方的语境中。"对中国古代有无科学的解答,以及中国文化对于世界文明进程的贡献的理解,依赖于对科学这一概念的理解,同样对传统文化与人权的关系也要依赖于对人权概念的把握。中国传统文化中虽然没有人权概念,但是却蕴含着丰富的人权思想,这是毋庸置疑的,问题是什么意义上或者什么层次上的人权思想,用怎样的方式表达,以及我们如何在传统文化基础上建构中国人权理论体系。

二、中国人权自信源于摆脱人权研究的"学徒状态"而 走向"自我主张"

自从习近平总书记的"5.17讲话"以来,国内关于建构中国特色哲学社会科学的研究比较多,也形成了一些具有启发性的成果,其中,复旦大学的

---

① 徐显明:《对人权的普遍性与人权文化之解析》,法学评论,1999年第6期。

吴晓明教授曾多次讲到关于建构中国特色哲学社会科学话语体系的问题。在他看来,建构自主的哲学社会科学话语体系的前提就是在当今历史实践中如何使我们的学术摆脱"学徒状态"而走向"自我主张"。他认为,"学徒状态"对于学术而讲是必经过程,中国学术经历 100 多年的"学徒状态"已经取得了巨大的成果,这是毋庸置疑的。但对于学术而言,不能停留在"学徒状态",因为"学徒状态"的主要缺陷就在于它是依赖的和因循的,它最主要的方式就是外部反思。真正的学术应该是有"自我主张"的。

实现从"学徒状态"到"自我主张"的根本方法就是批判。这个批判并不是完全否定,而是澄清前提和划定界限。要建构中国特色哲学社会科学话语体系,就是要经历文化整合的锻炼,习得者成为能思的和批判的,通过批判的方法来研究中国现实和中国问题。从吴晓明教授的观点来看,中国特色哲学社会科学理论体系建构的核心和关键有两点:一是批判,二是"自我主张"。依据吴教授的论点,中国人权理论的形成就是要摆脱人权理论研究的"学徒状态",使其走向"自我主张"。诚然"学徒状态"对于中国人权理论的形成具有必然性,是建构中国人权理论必经的阶段,中国人权研究起步晚于西方这是历史事实,我们必须承认并积极地从中汲取营养,但这并不是中国人权理论建构的重点,其重点在于如何在吸收基础上实现"自我主张"。

一方面人权理论对于人权实践具有指导意义,但更重要的是另一方面,即人权理论是在实践过程中形成和不断完善的。中国人权实践伴随着中国社会经济的发展已经取得了一定的进步,中国人权理论的建构立足中国人权实践基础,通过对西方人权理论的批判性吸收,针对中国现实和问题进行体系化和系统化的过程。中国传统文化在这一过程中具有"澄清概念和划清界限"的基础性作用。中国传统文化与西方文化的区别,其中很重要的一点就是中国一直以来不存在单子式个人以及建基于此的市民社会,因此,中国传统文化中的人及其形成的人权思想和理论必然与西方不同。中国传统文化讲"修身治国平天下",做人做事是同一的,家庭伦理是中国文化的基础,强调的权利和义务的社会承担者是以家庭为基础的社会整体,而不是单个的个体的人,这与西方人权理论中的个体的人形成鲜明对比,这种家国与个体之间的不同基础也正是中国传统文化与西方文化之间最根本的差异。

最能体现中国传统文化的家国基础的思想就有包含中庸之道在内的儒家思想。中庸之道是中国传统文化的精神特质,它对于中国人权理论研究的意义主要体现在两个方面:一方面,中庸所蕴含的"过犹不及""和而不同""权变时中"等思想为中国人权理论研究摆脱"学徒状态"从而实现"自我主张"提供了方法论依据;另一方面,中庸中蕴含着丰富的人权思想,为建构中国人权理论提供了思想资源。

三、中庸是中国传统文化的精神特质,为中国人权理论研究摆脱"学徒状态"从而实现"自我主张"提供了方法论依据

中庸之道是中庸思想的具体化,是中国传统文化的精神特质。一般认为,中庸思想形成于孔子,在子思、孟子、荀子那里也均有一定的发展。子程子曰:"不偏谓之中,不易之谓之庸。中者,天下之正道;庸者,天下之定理。"①中庸是思想和方法的统一。中国传统文化讲求修身治国平天下,做人做事是一致的,中庸既是一种伦理学,也是一种思想方法,同时还是为人治世之道,中庸之道既是一种最高的德性,也是一种最高的智慧。从理论思想的角度讲,中庸既是个人道德境界的最高点,也是实现国家社会政治稳定和谐的成功之道;既是对个人修为的内在要求,也是对外在社会发展的要求;既是个体实践的规范,也是社会运行的原则。孔子将中庸视为最高道德,"中庸之为

① 朱熹:《四书章句集注》,中华书局,1983年,第17页。

德也,其至矣乎! 民鲜久矣"。(论语·雍也)诗曰:"君子之道,黯然而日章;小人之道,的然而日亡。君子之道:淡而不厌,简而文,知远之近,知风之自,知微之显,可与入德矣。"①从思维方法的角度讲,中庸强调的是内外、前后、左右、上下等的和谐共处,追求中常之道,内外协调,保持平衡,不走极端,而且强调抑恶扬善、抑强扶弱,这样一种思维方式使得中华民族形成了一种独特的民族性格。从这个意义上讲,中庸可以说是中华民族精神世界的一种集体无意识,一种文化形态集成,简言之,中庸是中华传统文化的精神特质,是中华民族的文化性格。

具体而言,中庸之道对于建构中国人权理论的方法论启示主要有以下几个方面:

1.过犹不及

子曰:"道之不行也,我知之矣:知者过之,愚者不及也。道之不明也,我知之矣:贤者过之,不肖者不及也。人莫不饮食也,鲜能知味也。"②对待任何事情都不能采取过激的姿态,不然就同"不足"是一样的效果。

中国人权研究需要批判性地借鉴西方人权思想和理论。西方人权理论形成和发展要比中国早,而且已经形成了相对成熟的理论体系,我们的人权研究不能跳跃更不能忽略,而且西方人权对世界人权实践以及世界文明都具有非常重要的意义。中国人权理论研究应该坦然于"学徒状态"的必然性。但在认识到"学徒状态"必然性的同时也要认识到其具有的局限性,也就是说,既不能跳开西方人权理论而完全从中国文化自身中寻找人权思想,也不能过分强调西方人权理论的普适性,从而脱离中国人权研究的基本——基于中国文化的中国现实和中国问题。因此,对于西方人权理论,我们不能完全机械照搬,要对其进行批判性地借鉴和吸收。

---

① 朱熹:《四书章句集注》,中华书局,1983 年,第 39 页。

② 朱熹:《四书章句集注》,中华书局,1983 年,第 19 页。

2.和而不同

子曰："喜怒哀乐之未发,谓之中;发而皆中节,谓之和。"[1]"和生实物,同则不继"(国语·郑语),"君子和而不同,小人同而不和"。[2]"和"是人通行的道路,是天下之达道,"同"则为清一色,其效果与"和"正相反。"和而不同"是中庸之道所主张的人们对待多种矛盾的态度或追求的目标,孔子也力图把"和而不同"的原则贯彻到生活实践的各个方面,他对待学生采取因材施教就是这一原则的具体体现。

中国人权理论研究要坚持人权普遍性与特殊性的统一。人权是具有普遍性的概念范畴,其基本内核思想具有普适性,但是不同文化语境中对人权概念有不同的理解和把握。西方人权理论的文化基础是个体的人,而中国传统文化则不然,但是并不能由此判定人权理论的对错好坏,多种人权理论的共存才能促进世界人权事业的发展。"和而不同"强调的就是,只有互有差异甚至矛盾对立的多种因素、多种事物之间相互依赖、相互作用而构成的和谐整体才是具有生命力的。因此,无论是用西方人权理论同化中国人权,还是用中国人权概念同化西方人权思想都是"同而不和",必然"不继"。

3.权变时中

"君子中庸,小人反中庸。君子之中庸也,君子而时中;小人之中庸也,小人而无忌惮也。"[3]中庸之道虽然是天下的正理,但它并不是一成不变的,而是与时俱进的。能够不断与时而进,根据具体条件实施合时宜的中道,才是真正的君子所能行的中庸之道。实践是不停变化和发展的,倘若不能知情而变,则"中"亦不"中"了。所以孔子说:"君子之于天下也,无适也,无莫也,义之与比。"《论语·里仁》这里所指的就是君子对于天下的事情,没有固定不变

---

① 朱熹:《四书章句集注》,中华书局,1983年,第18页。
② 朱熹:《四书章句集注》,中华书局,1983年,第147页。
③ 朱熹:《四书章句集注》,中华书局,1983年,第19页。

的要怎样做,也没有固定不变的不应该怎样做,而是怎样适合情理就怎样去做。所谓的适合情理就是随情况的变化而变化,所以权变是达中的最高手段,是在事物变化中求得中道。

中国人权理论体系的建构是在中国人权实践基础上的不断自我完善的过程。中国人权理论的建构并不是形成某些教条,而是要针对中国现实和中国问题,形成适合中国当前人权实践的人权思想和理论,并且随着中国现实的发展而不断改变和完善。我们的理论不是教条,而是对包含着一连串互相衔接的阶段的发展过程的阐明。恩格斯也曾明确表明马克思主义理论的发展性,这种发展性也是中国人权理论建构的内在要求。随着社会的发展,一方面人们的人权意识和人权观念不断进步,另一方面人权实践也在不断发展,建基于此的人权理论也必然在不断发展。

四、中庸中蕴含着丰富的人权思想,为建构中国人权理论提供思想资源

中庸思想是中国传统文化的精神特质,中国人权理论的建构不仅不能脱离这一特质,而且也只能建基于此。"任何一种真正的学术都有其自身的发展经历,而任何一种发展成熟并产生伟大成果的学术都在自身的发展进程中经历过一个决定性的转折,即逐渐摆脱它对于外部学术的'学徒状态',并进而提出它的自我主张——其本己的自律性要求。"[1]对于中国人权理论的建构而言,就是要兼具包容性和批判性,在广泛学习外来文化的同时要成为"能思的和批判的"的"自我主张",从形式上来说,就是真正根植于本民族的"活的语言"中;从内容来看,就是能够批判地脱离外部进行反思,从而深

---

① 吴晓明:《论中国学术的自我主张》,《学术月刊》,2012 年第 7 期。

入到中国的社会现实本身之中。中庸中蕴含着丰富的人权思想,包括中庸思想在内的传统文化是建构中国人权理论的主体资源。

1.重"人"和"仁"

中国人权理论继承了以儒学为主的中国传统文化中对人及其价值的充分肯定,而且中国传统文化中的人并非是西方文化中单子式的个人,而是与家庭、国家和天下联系在一起的,集理性、人伦、道德、本性于一体的人。子曰:"仁者爱人","仁也者,人也。合而言之,道也"。[①]孔子所说的"仁"是指人们的一种精神状态和道德观念,包括孝、悌、忠、信、温、良、俭、让、中庸等美德。虽然范围如此之广,但其基本含义是"爱人",孔子关于"仁"的思想的提出,在一定程度上发现了"人",而且并非是个体的人,而是群体的社会性的人。不仅如此,孔子还把"道"视为"人"和"仁"的统一,实际上是把道德作为人性的主导,认为人的本质在于有"道",而要遵循"道"就要讲求"知"和"义",这样就从"知""义"等社会方面进一步肯定了人的价值。因此,从人权方面讲,不管包含中庸在内的儒家思想怎样在"仁"的圣光下为等级制度和宗法制度作掩护,但它毕竟充分肯定了人及其价值。而且孔子"仁者爱人"的口号,也从人与动物相区别的角度,充分认识到人的社会性及其在世界中的地位和作用。"未能事人,焉能事鬼?敢问死。曰'未知生,焉知死?'"[②]即使是讲鬼神,也是基于对人及其人的价值的肯定,把人看作是与天地等同的,敬鬼神及丧葬礼等都是基于人而出发的,这还是从人与动物的区别上,进一步肯定人的社会性,换言之,从社会角度来看待人及其人的价值。

2.重"中"和"和"

中国人权理论是人权普遍性和特殊性、权利和义务、个人与社会的统一。"中也者,天下之大本也;和也者,天下之达道也。致中和,天地位焉,万物

---

① 朱熹:《四书章句集注》,中华书局,1983 年,第 367 页。

② 朱熹:《四书章句集注》,中华书局,1983 年,第 125 页。

育焉。"①"中"是指对立面的和谐、统一和平衡,是事物内在的本质的状态;"和"是事物之间所表现出来的和谐、统一和平衡的状态,与"中"相对,体现了事物的表层状态。"中"与"和"二者是相互依赖的,"中"是前提,"和"是目标,"中""和"的有机统一就是和谐。达到中和的境界,则天地各得其位,万物皆能发育生产。以中庸来为人处世就是要以和为贵,寻求和谐与包容。因此,中国人权理论是人权普遍性和特殊性的统一,既包含具有普适性的人权核心思想,也包含与具体文化和国情相适应的特殊人权思想;既要运用人权理论的核心概念(平等、自由、权利等),又要从中国现实出发重新诠释这些概念的内涵;中国人权理论是权利和义务的统一,既要寻求和保障个人和社会整体的权利,又要强调与之相适应的义务,无论是个体对民族国家和社会应尽的义务,还是民族国家与社会对于个人权利应该给予的保障;中国人权理论是个人与社会的统一,个人与社会的权利在一定意义上是相对的,中庸的目标就是和谐,当个人权利和社会权利相对的时候,就要求在二者之间各自让渡从而实现二者的协调和谐。

3.重"德"和"义"

中国人权理论是注重社会道德伦理的。中国传统文化强调要以社会和谐为宗旨,这样一种把个人与群体、社会联系在一起的观念,更加注重社会的整体利益和人的社会行为规范,由此形成以他人为重,以群体、国家为重的伦理道德观念。儒家的"修身、治国、平天下"把平天下作为为政目标,而且把德看作做人处事为政的根本。"故为政在人,取人以身,修身以道,修道以仁","故君子不可以不修身;思修身,不可以不事亲;思事亲,不可以不知人;思知人,不可以不知天"。②中国传统文化从一定意义上讲就是一种伦理哲学。而对人的道德要求就是以天下为先,"是故君子动而世为天下道,行而世

---

① 朱熹:《四书章句集注》,中华书局,1983年,第18页。
② 朱熹:《四书章句集注》,中华书局,1983年,第28页。

为天下法,言而世为天下则"①。这种伦理哲学突出表现了人与人之间,尤其是人与社会之间的统一,治国、平天下的前提是修身,修身的标准就是心怀天下,这样个人与社会的统一并非外在的机械统一,而是内在的有机统一。这与西方文化中、市民社会中的单子式个人有根本的区别,单子式个人是以利为先,而传统文化中的人是基于社会的人,必然会重"义"轻"利"。这样的心怀天下、以"义"为先的观念是对人权理论中人与社会关系的深刻诠释。

在中国传统文化中"义"是"德"的充分发挥,基于社会性的人承诺履行义务和责任的前提是其所拥有的个人权利,而如果行使这些个人权利的结果会伤害他人则被称之为"不义",因此权利是相对的,权利是由"义"来界定的。而"义"中又蕴含着"德",本身就包含着义务的意味。传统文化中的"德"和"义"深刻解读了中国人权理论中个人和社会的内在统一性。

五、中庸对于建构中国人权理论的时代局限性

每一个民族的文化传统都有继承性和时代性,而人权理论的形成离不开现实的文化语境,因此中庸作为中国人权自信的文化之根,也具有时代局限性。其时代局限性具体体现为对作为个体的人及其权利的忽视。

中国传统文化一直以来都很注重人及其价值,但是从上面的论述分析可以看到,中国传统文化中的人更多是基于社会角色的人,因此更强调人的义务,而不是人的权利,尤其是个人的权利。可以说,小到家庭、大到国家和社会,更多的是强调人对其所具有的义务,"天下之达道五,所以行之者三:曰君臣也,父子也,夫妇也,昆弟也,朋友之交也:五者天下之达道也"②。由此,"为人君,止于仁;为人臣,止于敬;为人子,止于孝;为人父,止于慈;与国

---

① 朱熹:《四书章句集注》,中华书局,1983年,第37页。
② 朱熹:《四书章句集注》,中华书局,1983年,第28页。

人交,止于信"①。仁、敬、孝、慈、信,都以"礼"来保证。在"君君、臣臣、父父、子子"的森严等级之中,个人的权利被淹没了。所有的人不是君,就是臣,不是父,就是子,不是夫,就是妻。在这个从小到大、一层套一层的"家庭"里,重要的不是让人拥有什么权利,而是要求他去尽扮演好各自特定的角色的义务。

因而,这里的人都是具体的人,每个人都由于其不同的身份而被不同地看待,这样的观点,也必然会对人权中的其他概念的理解造成影响。由于人与人之间的身份不同,人与人之间所有遵循的"德"和"道"不同,所以人与人之间的差别就是必然的了,而人与人之间的平等则是抽象的了。换言之,人与人的平等仅仅是理论上的平等。中庸思想虽然注重人,但是这样的人一旦落到现实中,就必然会被某种社会角色所规范,其言行必然要遵循这些规范,而这些社会角色规范的确定却具有深刻的时代性。由此,人与人之间的平等就成为一种理论上的平等,而这也正是中国人权理论在继承和发展传统文化中丰富人权思想的同时,需要进行批判的地方。

——发表于《东北财经大学学报》(2017.04)

4.《"人本"和"民本"统一视域下共享发展的推进理路》

[摘要]共享发展是马克思主义人本思想和中国传统文化中民本思想的创新性发展与创造性转化。马克思主义人本思想从人与历史、人与社会的关系角度强调人及其实践的重要性,把每个人自由而全面的发展作为最高的理论目标,成为注重个体实践能动性的个人间共享的理论来源;中国传统文化中的民本思想从民与政治、民与国家的关系角度强调民的重要性,坚持民为国本、民为政本的核心观点,目标是维护君王的统治和国家稳定,成为注重管制和治理的制度性共享的理论来源。虽然二者具有不同的理论出发点

---

① 朱熹:《四书章句集注》,中华书局,1983 年,第 5 页。

和理论视野,但在历史发展进程中却具有互通性和互补性,而正是这些互通性和互补性构成新时代共享发展的主要内容,也为共享发展的推进和实现提供理论启示。

[**关键词**]人本;民本;共享发展;马克思主义人本思想;中国传统文化;人民主体

党的十八大以来,以习近平同志为核心的党中央顺应时代和实践发展的新要求,提出了创新、协调、绿色、开放、共享的新发展理念。新发展理念集中体现了我们党对新时代发展阶段基本特征的深刻阐释,是马克思主义关于人的自由全面发展理论的升华与拓展。其中,共享发展着力于解决社会公平正义问题,是发展的根本出发点和落脚点,是发展的方向,同时又是保障发展的根本所在。作为社会主义的本质要求,共享发展是社会主义制度优越性的集中体现,是激发全体人民推动发展的积极性、主动性、创造性的根本动力。推进共享发展就是要人人参与、人人尽力和人人享有,从个人角度来说就是要有平等的参与、公平的收入和充分的享有;从国家角度来说就是要有共同富裕、公平的分配和完善的制度设计。虽然在理念上共享发展已经具有比较完善的内涵和意义,但是在现实的共享发展推进过程中却存在一些问题,这就引发了关于共享发展如何推进的问题,对这一问题的解决可以从马克思主义人本思想与中国传统文化中民本思想的统一中汲取经验和启示。

一、共享发展是马克思主义人本思想的创新性发展,共享发展的推进依赖于自下而上的个人实践

共享发展是以人民为中心发展思想的具体体现,批判性地继承了马克思主义人本思想,共享发展是马克思主义人本思想的创新性发展。马克思主

义把现实的人的实践作为理解人类社会本质的出发点，把人作为历史的创造者、历史的主体，把人作为一切发展的根本目的。这是马克思主义人本思想的主要内涵。"发展为了人民、发展依靠人民、发展成果由人民共享"就是坚持人民群众是历史主体这一思想，充分调动人民群众在国家建设、社会发展和人类进步中的主动性和创造性；"全面共享、共建共享、渐进共享"可以说是马克思主义关于人的自由而全面发展的具体体现。可以说，马克思主义人本思想是共享发展的直接思想来源。同时，共享发展不仅要从理念上实现公平正义，更重要的是在现实推进过程中实现人与人之间在发展上的真正平等。这里的"人"具体到现实中就是指个体的人，所以要推进共享发展，必须充分调动现实个体的实践能动性和创造性，换言之，现实个体的实践是实现自下而上的个人间共享的基础。

马克思主义哲学从批判资本主义社会现实和德国古典哲学理论出发，实现了哲学理论主题的根本转换，即从"世界何以可能"转向为"人类解放何以可能"，并由此出发建构一个以人为本的哲学体系。马克思认为，随着自然科学的独立化并"给自己划定了单独的活动范围"，随着社会实践的发展"把人们的全部注意力集中到自己身上"①。因此，哲学也就应该从"天上"来到"人间"，关注消除人的生存的异化状态，关注实现人类解放。为了回答"人类解放何以可能"，马克思把哲学研究的聚焦点由宇宙本体转向人的生存本体，由解释世界转向改变世界，由现实物质世界转向现实的、由人参与的物质世界，即人类社会。

如何实现这个转向呢？就是把实践引进哲学，用于说明人的本质、社会的本质和世界的本质。哲学主题的转换，为推进共享发展提供了现实途径和现实力量，即人的实践。"全部人类历史的第一个前提无疑是有生命的个人

---

① 《马克思恩格斯全集》(第二卷)，人民出版社，1957年，第161~162页。

的存在。"①问题在于"有生命的个人"是通过自身的实践活动改造自然而存在的,实践构成人的特殊的生命活动形式。实践使人的自然需要的对象、内容和满足方式与动物区别开来,赋予人不同于动物的自然属性,并改造和发展着人的自然属性。"已经得到满足的第一个需要本身、满足需要的活动和已经获得的为满足需要而用的工具又引起新的需要,而这种新的需要的产生是第一个历史活动。"②而且人是在实践活动中创造、生产人的社会关系、社会本质的,从而使人获得其成为人的本质。实践也生成和发展着人的精神属性,使人的生命活动成为有意识的现实活动。现实的人是自然属性、社会属性和精神属性的统一体,而这三种属性统一于实践。因此,实践构成人的历史,是人的存在方式。

实践是人的存在方式,也是社会发展的前提和基础。而这个实践并不是以社会群体为主体的抽象得一般的实践,而是现实的个体的人的实践。"现实的个人"可以说是马克思主义社会发展观的根本出发点。马克思主义关注的"人类解放何以可能"这一哲学主题是从"现实个体的人"出发,到"每个人自由全面发展"的历史过程,人类的解放不是一种思想活动,而是现实的历史过程,"只有在现实的世界中并使用现实的手段才能实现真正的解放……'解放'是一种历史活动,不是思想活动,'解放'是由历史的关系,是由工业状况、商业状况、农业状况、交往状况促成的"③。而且社会发展和人类解放的实现要依赖于现实个体的人的实践活动。"社会结构和国家总是从一定的个人的生活过程中产生的。但是,这里所说的个人不是他们自己或者别人想象中的那种个人,而是现实中的个人,也就是说,这些个人是从事活动的,进行物质生产的,因而是在一定的物质的、不受他们任意支配的界限、前提和条

---

① 《马克思恩格斯选集》(第一卷),人民出版社,2012年,第146页。
② 《马克思恩格斯选集》(第一卷),人民出版社,2012年,第159页。
③ 《马克思恩格斯选集》(第一卷),人民出版社,2012年,第154页。

件下活动着的。"①

共享发展作为社会主义的本质要求，其推进的前提必然是现实个体的人的实践活动。现实的个体的人的实践离不开国家社会的发展。在马克思主义视域中,人类解放和人的发展与社会的发展息息相关,社会的发展的实质是人的发展,因此共享发展理念正是通过推动社会各个地区、各个阶层的发展来推动个人的发展。人民群众是历史的创造者,而就现实进程来说,实现社会发展和人类解放,必须通过积极创造各种条件,激发人民群众的实践能动性,推动社会发展,进而实现人自身的发展,实现人类的解放。"只有在共同体中,个人才能获得全面发展其才能的手段,也就是说,只有在共同体中才可能有个人自由。"②推进共享发展的首要目标就是要激发每个人的实践能动性,形成人民群众创造历史的合力,积极推动自下而上的个人间共享的实现。

二、共享发展是中国传统文化中民本思想的创造性转化，共享发展的推进依赖于自上而下的制度设计

中国传统文化中民本思想的核心在于亲民、重民和惠民。共享发展是"以人民为中心"发展思想的具体体现,继承了传统文化中民本思想的精髓,赋予了民本思想新的时代价值,是中国传统文化中民本思想的创造性转化。中国传统文化之于中国特色社会主义实践的意义不同于西方文化,也不同于马克思主义理论。马克思主义理论和西方文化是以理论、知识等方式体现出来的,而中国传统文化相对于中国当前的社会主义建设而言,却不仅仅是理论或知识,更主要的是以一种"历史"的形态在起作用。

---

① 《马克思恩格斯选集》(第一卷),人民出版社,2012年,第151页。

② 《马克思恩格斯选集》(第一卷),人民出版社,2012年,第199页。

一方面，习近平新时代中国特色社会主义思想继承和发展了理论与知识形态的中国优秀传统文化，这一过程是必然性的继承和发展。共享发展要解决的直接现实问题就是分配不公的发展问题，当前我国发展生产力水平不断提高，但是在生产关系方面还存在着很多制约因素，甚至是阻碍生产力发展的因素，其中分配不公就是一个很重要的现实问题，所以我们才会提出协调、共享的发展理念。而这正是对传统儒家思想的继承，《论语·季民第十六》有言："闻有国有家者，不患寡而患不均，不患贫而患不安。盖均无贫，和无寡，安无倾。"共享发展是实现共同富裕和国家富强的根本保障。这样的继承和发展是一种知识、理念、理论形态的继承和发展，这种继承和发展与对马克思主义的继承和发展具有同质性。"中国古代大量鸿篇巨制中包含着丰富的哲学社会科学内容、治国理政智慧，为古人认识世界、改造世界提供了重要依据，也为中华文明提供了重要内容，为人类文明作出了重大贡献。"[1]

另一方面，新时代中国特色社会主义建设事业的实践者都是具有中国传统文化基因的炎黄子孙，中国传统文化之于当前我国发展而言，不同于西方文化的根本之处在于，它直接构成我国发展的历史，是一种"历史"形态的存在。没有历史就没有现在，历史的进步首要的就是要在承认历史的基础上推进历史向前发展。"一个民族的历史是一个民族安身立命的基础。"[2]中国特色社会主义建设是历史进程中的必然过程，人民群众书写的是中华民族5000多年文明史的继续和发展。共享发展坚持全民共享、全面共享、共建共享、渐进共享，使全体人民有更多的获得感、幸福感、安全感，朝着共同富裕方向稳步前进。这样的发展理念，不仅继承了中国传统文化中民本思想的惠民利民理念，而且更多蕴含了民为本、民为天的"天人合一"的思维方式。这样的思维方式也可以说就是指中国传统文化中蕴含的整体性思维和战略性

---

① 习近平：《在哲学社会科学工作座谈会上的讲话》，《人民日报》，2016 年 5 月 19 日。

② 《习近平在纪念毛泽东同志诞辰 120 周年座谈会上的讲话》，《人民日报》，2013 年 12 月 27 日。

思维等,与西方文化具有强烈的对比性。而且这种思维方式并不是作为外在思维工具在起作用的,而是浸润在中华民族血液中的文化基因,其起作用的方式是内化于历史主体的。由此,共享发展理念对中国传统文化中民本思想的创造性转化表现在两个方面,一个是内容的继承和发展,另一个是思维方式的继承和发展。

中国传统文化中民本思想的核心观念就是民为国本、民为政本,这也是中国传统文化中对民之重要性的最经典概括。"民惟邦本,本固邦宁"(《尚书·五子之歌》),民是国家的根本,是政治的根本,民稳定则国家稳定、政治稳定,如果民不稳定则国家不稳、政治不稳。这样的"民为本"的理念贯穿于中国传统文化中,如《谷梁传·桓公十四年》中有言:"民者,君之本也。"《新书·大政上》中有言:"闻之为政也,民无不为本也。国以为本,君以为本,吏以为本。"民作为国之本这样的地位,决定了民在政治生活中的关键作用。在传统中国历史上,崇敬上天的时代,思想家就把民与上天联系起来,提出"敬天保民"的执政理念。这些民本思想与习近平新时代中国特色社会主义思想中的人民立场是一致的。"立君者天也,养民者君也。非天命之私一人,为亿万人也。民之所归,天之所右也;民之所去,天之所左也。天命不易哉,民心可畏哉。"①确定统治者的是天,但是为了养民,而不是为了君,如果君不为民做事、不养民,就是违背了天,自然就会遭到被废除的命运。不仅如此,"君者舟也;庶人者水也;水也,水则载舟,水则覆舟"(《荀子·王制》),民还是决定君主能否实现其统治的决定性力量,民是社会的主人,是历史的主体。

共享发展的实现与否决定于人民群众是否真正获得国家之本的政治地位,共享发展因此成为政治稳定、国家发展的根本保障。亲民爱民,体察民情、尊重民意、关心人民疾苦,争取民众的力量,是中国传统文化中民本思想

---

① 王国轩点校:《李觏集》,中华书局,2011年,第147页。

的具体体现，凸显了中国传统文化中民本思想注重民生的价值理念。所谓"得民心者得天下，失民心者失天下"(《孟子·离娄上》)，表明了民心是能够得到天下的根本决定因素，那么如何得到民心呢？得到民心的根本途径就是体察民情、顺乎民情民意民欲，关注民生，使老百姓真正获得实惠。而这样的实惠就是共享发展理念所说的"使全体人民有更多的获得感、幸福感、安全感"，这也正是共享发展的本质要求和根本目标。

首先，富民是安邦富国之前提。所谓关注民生，首先就是关注民的物质生活，如何实现人民物质生活的提高，是当政者的首要任务，"富民是治国安邦的前提"①。一方面，稳定是发展的前提，民富则民心安，民心安则民稳，民稳则政稳，政稳则国稳，国稳才能发展。"为政之道，以顺民心为本，以厚民生为本"(《二程文集》卷五)，这一思想具有鲜明的富民倾向。另一方面，国富的实现依赖于民富，只有民富基础上的国富才是真正的国富，没有民富的国富就像是马克思所说的"虚假的共同体"，这里不存在人的自由，更无人的发展，仅仅是统治阶级的"新的桎梏"。这样的富民思想决定了共享发展理念虽然面临的现实问题是分配不公，但是也不能忽略"蛋糕"要不断变大的问题，最主要的是"蛋糕"不是"虚假的"，而是由民之合力而为之，并由民共同享有的。

其次，富民不仅仅是物质财富的增加，而是让民众过上比温饱更好的富裕生活。"子贡问政。子曰：足食、足兵，民信之矣。"②在这里孔子把"食"放在了"兵"之前，一方面说明孔子把民生看得比武装更重要，因为只有"仓库实"才能"武备修"；另一方面这里的"足食"不仅仅指的是温饱，更是指比温饱更好的殷实富足生活。此外，尊重民意是国家复兴的根本。"国将兴，听于民；将亡，听于神。"(《左传·庄公二十三年》)国家的兴亡决定力量在于人民，不仅

---

① 胡发贵：《儒家民生思想：富民为本》，《光明日报》，2011年2月14日。

② 朱熹：《四书章句集注》，中华书局，1983年，第134页。

仅民富是国富的基础,而且人民还是国家发展的决定性因素。因此,要实现中华民族伟大复兴的中国梦,全面共享发展不仅仅是目标和保障,更是决定实现中国梦的关键因素。

最后,"仁政"是惠民之途,"教化"是安民之径。"为政以德,譬如北辰,居其所,而众星共之。"①为政以德是儒家仁政思想的核心,因为只有仁政才能实现爱人,而且仁政也是"仁"在政治中的具体体现。"所谓安者,非徒饮之、食之、治之、令之而已也,必先于教化焉。"②实现国家安定和民众富足,要对民众进行教化,民众的教化水平是为政和谐的前提。由此,要实现共享发展,对民众的教化是必要的前提,只有民众的共享理念提升了,共享发展才能得以推进。中国传统文化中没有物质和意识等哲学术语,但是其思想却与马克思主义的唯物主义历史观具有共通之处。而且相对于西方文化理论化知识形态存在的思想而言,中国传统文化中蕴含的深刻思想通过经验性语言表述,更能够为普通民众所接受。中国传统文化在继承和发展进程中相较于中国化马克思主义之所以式弱的主要原因在于历史载体的变迁,尤其是文字的变革,是影响中国传统文化继承和发展的重要因素。历史的存在需要载体,无论这个载体是现实的事物还是抽象的观念,一旦载体消失,历史必然随之消失,历史是现实的根基,否定历史或者历史消失,就意味着现在成为"无根之树"。"历史就是历史,历史不能任意选择,一个民族的历史是一个民族安身立命的基础……历史总是向前发展的,我们总结和吸取历史教训,目的是以史为鉴、更好前进。"③中华民族伟大复兴的中国梦的实现,必须是建立在中华民族5000年文明发展进程的基础上。

---

① 朱熹:《四书章句集注》,中华书局,1983年,第53页。
② 王国轩点校:《李觏集》,中华书局,2011年,第147页。
③ 《习近平在纪念毛泽东同志诞辰120周年座谈会上的讲话》,《人民日报》,2013年12月27日。

三、共享发展是"人本"与"民本"相统一的社会性共享，共享发展的 推进要遵循权利与义务、个人与国家、社会与自然的统一

马克思主义人本思想和中国传统文化中的民本思想是从不同的文化语境中形成的，马克思主义人本思想的文化语境是西方市民社会，中国传统文化中的民本思想的文化语境是封建专制统治。不同的文化语境决定了二者具有不同的理论出发点和理论视野。马克思主义人本思想侧重从人与历史、人与社会的关系角度强调人及其人的实践的重要性，目标是实现人类的解放；而中国传统文化中的民本思想则从民与政治、民与国家的关系角度来强调民的重要性，目标是维护君主的统治和国家稳定。虽然二者具有不同的理论出发点和理论视野，但是二者在历史发展进程中却具有互通性和互补性，而这些互通性和互补性成为共享发展理念的主要内容，也为共享发展的推进和实现提供了理论启示。

第一，马克思主义的人本思想注重人类社会历史发展进程中人民的主体地位，中国传统文化中民本思想注重国家政治中"民"的重要性，共享发展的推进必须注重人与社会、民与国家的统一，在实现路径上要充分重视和发挥人民群众的实践能动性。

马克思主义的人本思想和中国传统文化中的民本思想都强调人民群众的重要性，可以说二者在这一点上具有互通性。但是二者在对人民群众和"民"的理解和把握上又具有不同。

首先，中国传统文化中的民本思想是形成于封建社会的以农为本的历史条件下，对民之重要性的认识更多是从"治国平天下"的角度出发，因此关注的"民"是与"官吏"相对的整体性的概念。马克思主义人本思想中对人民群众的认识，虽然强调创造历史和推动历史发展的是人民群众的合力，但其

出发点却是与神和抽象的人相对的人的概念。

其次,中国传统文化中的民本思想注重的是民对政治的积极意义,而马克思主义人本思想则更多的是从人类社会历史发展进程中考察人民群众的作用。

最后,中国传统文化中的民本思想对待民之应然是从国家统治和政治稳定出发加以规范;而马克思主义人本思想对人民群众之应然则是从人类社会发展规律这一具有必然性的存在来加以规范的。这些不同在理解新时代中国特色社会主义建设视域下的人民群众这一概念具有互补性。因此,要推进和实现共享发展,首要的就是要准确理解和把握共享发展的主体——人民群众的深刻内涵和现实存在,进而探究如何发挥其主体能动性。作为中国特色社会主义建设主体的人民群众,既是历史发展进程中的人民群众,更是现实政治经济和社会生活中的人民。

习近平新时代中国特色社会主义思想的理论创新之一就是提出以人民为中心的发展思想。以人民为中心的发展思想在践行全心全意为人民服务的根本宗旨过程中更注重的是具体现实政治经济和社会生活中的人民,把保障和改善民生作为党和国家事业的根本任务,把增进民生福祉作为发展的根本目的。"如果说'人民群众是历史创造者'这一原理是从宏观的历史发展进程角度来阐明人民群众的作用和意义的话,'把人民对美好生活的向往作为奋斗目标'则是从微观的现实生活角度来阐明人民群众对社会发展的意义"①。作为推进和实现共享发展主体的人民群众,是现实生活中的具体的人,是在个体人基础上形成的整体。从"人本"与"民本"统一的立场出发,在理解全面共享的时候,既要从量上关注共享,更要从"历史进步推动的推动者"和有利于国家发展、政治稳定的角度关注其人民性,即作为共享主体的

---

① 李淑英:《习近平新时代中国特色社会主义理论创新特色》,《大连日报》,2018年5月7日。

是现实生活中起到对国家发展、政治稳定和人类社会发展具有积极推动作用的人，而推进和实现共享发展的主体也是这一部分人。

第二，马克思主义人本思想侧重人民的权利，中国传统文化中民本思想侧重人的义务，共享发展的推进要注重权利和义务的统一，在实现路径上要强调多元参与和责任共担。共建共享、多元参与和责任共担是共享发展的实践指向和基本前提。①中国传统文化中注重民本的目的是实现政体稳定、社会和谐，这样就把个体的人掩埋在群体和社会之下，与马克思主义的现实的个体的人不同，中国传统文化中的民本思想更加注重从社会整体利益出发的人的社会行为规范，由此形成了以他人、国家、天下为重的社会道德规范和民之应然的存在。"修身、治国、平天下"，对人的评价以天下为先，"是故君子动而世为天下道，行而世为天下法，言而世为天下则"②。这样的思想体现了中国传统文化中更多的是关注个人对社会的义务，故君子重义轻利。而且中国传统文化中民本思想所关注的民，是基于社会角色的民，即与官吏相对的民。这也决定了其更强调民的义务，而不是民的权利，尤其是个人的权利。"天下之达道五，所以行之者三：曰君臣也，父子也，夫妇也，昆弟也，朋友之交也：五者天下之达道也。"③因此，"为人君，止于仁；为人臣，止于敬；为人子，止于孝；为人父，止于慈；与国人交，止于信"④。仁、敬、孝、慈、信就成为民之必然的规范。这样一来，在"君君、臣臣、父父、子子"的社会角色和规范之中，人民群众尤其是个人的权利就被掩盖了，剩下的就只有君臣父子的社会角色和与之相对应的义务。

从修身到治国再到平天下、从家庭到国家再到社会，每个人都被要求按

---

① 陈帅：《共享发展的实践指向和推进理路》，《中国社会科学报》，2018年12月10日。
② 朱熹：《四书章句集注》，中华书局，1983年，第37页。
③ 朱熹：《四书章句集注》，中华书局，1983年，第28页。
④ 朱熹：《四书章句集注》，中华书局，1983年，第5页。

照社会角色的规范去做人做事。这样的思想有其局限性,"由于人与人之间的身份不同,人与人之间所有遵循的'德'和'道'不同,人与人之间的差别就是必然的了,而人与人之间的平等则是抽象的了"①。但是其积极的一方面就是强调人民群众作为国家主体应尽的义务。中国传统文化中民本思想的这一特征与马克思主义人本思想中现实的个体的人形成互补,构成对共享发展主体的完整认识的同时,更清晰深刻地表述了共享发展的内涵和现实存在,即共享是共建基础上的共享,没有共建就没有共享,推进共建是实现共享的必然前提。共建是共享发展的实践指引,如何实现共建是推进和实现共享的关键。共建就是在充分发挥人民群众主体地位和实践能动性基础上,通过多元主体之间的合作,构建起推动社会发展的结构性力量。从这个角度上讲,共建的核心在于多元主体的参与和合作。

所谓的多元主体,既包含国家、群体与个人不同层级的主体,也包括君臣父子不同社会角色的主体,还包括现实的个体意义上的主体。不仅主体是多元的,而且参与的形式和过程也是多元的。虽然中国传统文化中关于君臣父子的社会角色规范先天地预设了人与人之间的不平等思想需要批判,但是其所体现的一种内隐的观点确实值得反思,即人与人之间具有的先天的不同。因此,不同个体的人具有的思维能力和实践能力都不同,在共建过程中所起到的作用和所取得的成果就必然不同。因此,共建和共享都不是平均主义意义上的,共建和共享是一个循序渐进的过程,只有人人参与、汇聚民智,调动人民群众的积极性和创造性,才能推进共建,实现共享。

第三,马克思主义人本思想的出发点是现实的个体的人,中国传统文化中民本思想的出发点是社会生活中的人,共享发展的推进必须注重个人与国家的统一,在实现路径上既要有个人出发的引导,也要有国家层面上的制

① 李淑英、江宇靖:《中庸之道是中国人权自信的文化之根》,《东北财经大学学报》,2017 年第 4 期。

度设计。中国传统文化中民本思想的根本目的是维护君主的统治,具有时代局限性,但是其所体现的积极方面也是明显的,为了巩固君主的统治,君主就要把民作为国之本、政之本,进而实施仁政。暂且搁置其仁政的有效与否,只是就其推行仁政的方式而言,对今之共享发展的实施具有重要的借鉴意义。"君不能自治其民,治之者官吏也。"①仁政的实施并不是依赖于君王自己的,而是要依赖于自上而下的官员和管理者,这样政策才能顺利得以实施。

共享发展的推进和实现也必然要依赖于自上而下的政策的落实和实施。但是这样的路径并不是单一的、绝对的,而只是共享发展路径的一部分。如果要实现真正的共享,必须结合自下而上的文化性共享来实现。一方面,现实的个体的人是共享发展的现实主体,真正的共享的实现依赖于现实的个体的人,而且共享是否实现的标准取决于现实的个体的人,所以现实个体的实践是推进和实现共享的根本,现实个体的实践是实现自下而上的个人间共享的基础。"这种自下而上的陌生人之间的文化性共享对于自上而下的制度性共享,具有补充作用。"②另一方面,社会意识对社会存在具有能动的作用,就个体认知主体而言,思想观念对个人实践具有引领作用,因此提高公民的共享理念、提升公民的共享素养是推进共享的有效途径。

当前,我国共享发展面临的问题之一就是公民的共享意识不强,制约了推进共享发展的实践能动性,进而成为阻碍推进共享发展的重要因素。那么如何增强公民的共享意识呢?"君子如欲化民为俗,其必由学乎!"③要增强公民的共享意识,首要的就是要对公民进行共享发展理念的普及和学习,让人民群众真正认识共享发展的整体,即从理念到实践再到实现的整体性的共享发展,由知促行,在现实过程中推进共享发展的实现。共享发展是习近平

---

① 王国轩点校:《李觏集》,中华书局,2011 年,第 183 页。

② 王宁:《从私人共享到社会共享》,《中国社会科学报》,2018 年 12 月 10 日。

③ 王国轩点校:《李觏集》,中华书局,2011 年,第 176 页。

新时代中国特色社会主义思想的重要组成部分，是马克思主义人本思想和中国传统文化中民本思想在新时代历史条件下与现实结合的具体体现，是新发展理念的有机构成部分，共享发展的推进和实现依赖于新发展理念整体的推进和实现。

——发表于《广西社会科学》(2021.06)

5.《浅析习近平新时代中国特色社会主义思想的理论创新》

[摘要]习近平新时代中国特色社会主义思想是马克思主义中国化的最新成果。从理论与实践结合上系统回答了新时代坚持和发展怎样的中国特色社会主义、怎样坚持和发展中国特色社会主义这一重大时代课题。在人与自然关系、唯物辩证法、人民群众观、社会主义本质特征和社会主义价值观等方面丰富和发展了马克思主义理论。

习近平新时代中国特色社会主义思想，是对马克思列宁主义、毛泽东思想、邓小平理论、"三个代表"重要思想、科学发展观的继承和发展，是马克思主义中国化最新成果。党的十九大报告集中阐释了习近平新时代中国特色社会主义思想。习近平新时代中国特色社会主义思想在人与自然关系、唯物辩证法、人民群众观、社会主义本质特征和社会主义价值观等方面实现了马克思主义中国化的创新性发展。习近平新时代中国特色社会主义思想集中体现了中国特色社会主义道路自信、理论自信、制度自信和文化自信。

一、习近平新时代中国特色社会主义思想的整体性

习近平新时代中国特色社会主义思想对新时代坚持和发展中国特色社会主义的总目标、总任务、总体布局、战略布局、发展方向、发展方式、发展动力、战略步骤、外部条件、政治保证等基本问题作出了理论阐述。主要内容包

括党的十九大报告中提出的"八个明确"和"十四个坚持"。从思想内涵角度讲，还包括党的十九大报告中对新时代内涵进行诠释的"三个意味"和"五个时代"。可以说"三个意味""五个时代""四个伟大"和"八个明确""十四个坚持"共同体构成习近平新时代中国特色社会主义思想的整体。

"三个意味"从中国历史发展进程、科学社会主义发展进程以及中国特色社会主义发展进程三个方面，清晰地阐明了"经过长期努力，中国特色社会主义进入新时代，这是我国发展新的历史方位"。这一论断的理论依据和现实依据。"五个时代"则从国家社会发展的角度描述了新时代深刻内涵所展现的现实进程。包括我国社会主要矛盾的变化在内的中国特色社会主义全局性、历史性变化，以及由此对党和国家事业提出的新要求，都是对新时代的深刻阐释。"四个伟大"从中国共产党的历史使命的角度阐明新时代的主要特征。"八个明确"是习近平新时代中国特色社会主义思想的核心内容，集中从理论与实践结合上系统回答了"新时代坚持和发展怎样的中国特色社会主义、怎样坚持和发展中国特色社会主义"这一重大时代课题，其中包含了马克思主义的理论创新。"十四个坚持"是习近平新时代中国特色社会主义思想的基本方略，即在各项工作中要全面贯彻落实。"三个意味""五个时代""四个伟大"和"八个明确""十四个坚持"从中国特色社会主义的发展进程、发展现实、历史使命、指导思想、发展实践五个方面，完整诠释了习近平新时代中国特色社会主义思想，为今后党和国家事业新发展提供了精神动力和行动指南。

二、习近平新时代中国特色社会主义思想的理论创新

习近平新时代中国特色社会主义思想是紧密结合了新的时代条件和实践要求，继承了马克思列宁主义、毛泽东思想、邓小平理论、"三个代表"重要

思想、科学发展观,在实践基础上进行了艰辛理论探索而逐步形成的,是中国特色社会主义理论体系的重要组成部分,是马克思主义中国化的重大创新性发展。

(一)人与自然和谐共生

"和谐"是继承。人与自然的关系一直以来都是马克思主义者关注的重要问题之一,尤其是在当今世界出现了生态、环境、人口、资源等全球性危机的时期。马克思把自然看成是"人的无机身体",认为应当合理调节人与自然之间的物质交换,在最无愧于和最适合人类本心的条件下进行这种物质交换。恩格斯也提出自然界"对人进行报复"以及"人类同自然的和解"问题。马克思指出:"为了进行生产,人们相互之间便发生一定的联系和关系;只有在这些社会联系和社会关系的范围内,才会有他们对自然界的影响,才会有生产。"①在马克思主义经典作家这里,人与自然关系是"有机"和"无机"的关系,是和谐统一的关系。"随着人类愈益控制自然,个人却似乎愈益成为别人的奴隶或自身的卑劣行为的奴隶。甚至科学的纯洁光辉仿佛也只能在愚昧无知的黑暗背景上闪耀。"②科学发展观坚持以人为本,强调人与自然和谐的生态自然观,以实现人类的可持续发展。习近平新时代中国特色社会主义思想中的"坚定走生产发展、生活富裕、生态良好的文明发展道路,建设美丽中国",是对马克思主义关于人与自然和谐关系的继承。

"共生"是创新。习近平新时代中国特色社会主义思想中提到"绿水青山就是金山银山"和"像对待生命一样对待生态环境"的理念,体现了人与自然的共生关系。自然界并不是无机的存在,它与人是平等的共生关系,自然界既是具有经济价值的存在,更是具有生命的存在,我们不能因为人的发展而

---

① 《马克思恩格斯选集》(第一卷),人民出版社,2012年,第340页。
② 《马克思恩格斯选集》(第一卷),人民出版社,2012年,第776页。

剥夺自然的发展,甚至是抑制自然的发展。人与自然是共生的关系,自然存则人存,自然亡则人亡;人的发展与自然的发展也是共生的关系,自然发展则人发展,自然停滞则人停滞。这就进一步深化了马克思主义自然观,深化了马克思主义关于人与自然的认识。

(二)哲学思维

辩证思维是继承。辩证法是认识世界和改造世界的根本方法,其最核心的就是矛盾分析法,坚持一切从实际出发,理论联系实际,从发展中认识和把握事物的本质和规律。恩格斯在谈到事物普遍联系的时候,指出:"当我们通过思维来考察自然界或人类历史或我们自己的精神活动的时候, 首先呈现在我们眼前的, 是一幅由种种联系和相互作用无穷无尽地交织起来的画面。"①中国特色社会主义进入新时代,中华民族迎来了从站起来、富起来到强起来的伟大飞跃,中国特色社会主义道路、理论、制度、文化不断发展,我国社会主要矛盾必然发生变化,但是我国社会主要矛盾的变化,并没有改变我国仍处于并将长期处于社会主义初级阶段的基本国情, 我国是世界最大发展中国家的国家地位没有变。这一论断是坚持一切从实际出发,一切从我国当前发展的国情、世情出发得出的必然结论。

战略思维、底线思维、创新思维等是创新。党的十九大报告提出,"全党同志一定要登高望远、居安思危、勇于变革、勇于创新,永不僵化、永不停滞,团结带领各族人民决胜全面建成小康社会, 奋力夺取新时代中国特色社会主义伟大胜利"。"登高望远"体现的是战略思维。战略思维就是高瞻远瞩、统揽全局,善于把握事物发展总体趋势和方向的思维方式,具体体现在:时间维度上的长远考虑;空间维度上的全局谋划;系统维度上的整体布局;性质

---

① 《马克思恩格斯选集》(第三卷),人民出版社,2012年,第395页。

维度上的根本问题等。"居安思危"体现的是底线思维。"统筹发展和安全,增强忧患意识,做到居安思危,是中国共产党治国理政的一个重大原则。"底线思维就是客观地设定最低目标,立足最低点,争取最大期望值的一种积极的思维,它蕴含了深刻的中国智慧,是中华优秀传统文化的创造性转换。"君子安而不忘危,存而不忘亡,治而不忘乱,是以身安而国家可保也",底线思维蕴含了危机意识、原则性、自明性、积极性、规范性等深刻智慧。"勇于变革、勇于创新、永不僵化、永不停滞"体现的是创新思维,创新思维就是对事物做全新思考,对结构做全新调整,对活动做全新谋划,力求寻找新思路,打开新局面,开创新境界,提升新水平。

党的十九大报告在第二、三、四章有 40 多次提到"新",新时代、新思想、新征程、新发展理论、新格局、新形势、新要求等无不体现习近平新时代中国特色社会主义思想中的创新意识和创新思维。从马克思自由全面发展来看,创新发展就是人的生产能力的提升,是人的物质财富的积累,是实现自由全面发展的根本所在。回顾近代以来世界发展历程,可以清楚看到,一个国家和民族的创新能力,从根本上影响甚至决定国家和民族前途命运,"在激烈的国际竞争中,惟创新者进,惟创新者强,惟创新者胜"[①]。新思维之间互相渗透,互为前提,共同的哲学基础和践行前提,同辩证思维、历史思维等构成一个有机整体,是唯物辩证法的创新性发展。

(三)以人民为中心

"把党的群众路线贯彻到治国理政全部活动之中"是继承。实现每个人的自由而全面的发展是马克思主义追求的根本价值目标,"代替那存在这阶级和阶级对立的资产阶级旧社会的,将是这样一个联合体,在那里,每个人

---

① 习近平:《在欧美同学会成立 100 周年庆祝大会上的讲话》,《人民日报》,2013 年 10 月 22 日。

的自由发展是一切人的自由发展的条件"①。人民群众是历史创造者是唯物史观的基本原理，要求我们坚持马克思主义人民群众观，贯彻党的群众路线。毛泽东形成"全心全意为人民服务"的人民群众观，强调要依靠人民，相信人民的创造力是无穷无尽的，同人民打成一片，那就任何困难都能克服，任何敌人都可以打败。邓小平进一步强调群众路线和群众观点的重要性，把"人民拥护不拥护""人民赞成不赞成""人民高兴不高兴""人民答应不答应"作为党和国家事业建设的出发点。"三个代表"重要思想强调我们党要代表最广大人民群众的根本利益。科学发展观坚持以人为本，始终把人民利益放在第一位。习近平新时代中国特色社会主义思想坚持以人民为中心，"坚持人民主体地位，坚持立党为公、执政为民，践行全心全意为人民服务的根本宗旨，把党的群众路线贯彻到治国理政全部活动之中"是对"人民群众是历史创造者"这一原理的继承，是对中国共产党群众路线的一贯坚持。

"把人民对美好生活的向往作为奋斗目标"是创新。党的十八大以来，以习近平同志为核心的党中央在践行全心全意为人民服务的根本宗旨过程中更加关注具体现实生活中的人们。把保障和改善民生作为党和国家事业的重中之重，把增进民生福祉作为发展的根本目的，把全体人民在共建共享发展中的获得感作为工作的依据，把人民对美好生活的向往作为奋斗目标，把不断促进人的全面发展、全体人民共同富裕作为人类社会发展目标。以习近平同志为核心的党中央向人民庄严承诺："我们的人民热爱生活，期盼有更好的教育、更稳定的工作、更满意的收入、更可靠的社会保障、更高水平的医疗卫生服务、更舒适的居住条件、更美好的环境，期盼孩子们能成长得更好、工作得更好、生活得更好，人民对美好生活的向往，就是我们的奋斗目标。"如果说"人民群众是历史创造者"这一原理是从宏观的历史发展进程角度来

---

① 《马克思恩格斯选集》(第一卷)，人民出版社，2012年，第422页。

阐明人民群众的作用和意义的话,那"把人民对美好生活的向往作为奋斗目标"则是从微观的现实生活角度来阐明人民群众对社会发展的意义,真正在"幼有所育、学有所教、劳有所得、病有所医、老有所养、住有所居、弱有所扶"实践中践行全心全意为人民服务。

三、习近平新时代中国特色社会主义思想彰显了"四个自信"

中国特色社会主义进入新时代,"意味着中国特色社会主义道路、理论、制度、文化不断发展,拓展了发展中国家走向现代化的途径,给世界上那些既希望加快发展又希望保持自身独立性的国家和地区提供了全新选择,为解决人类问题贡献了中国智慧和中国方案"。

党的十八大以来的五年,党和国家带领全国各族人民共同奋斗,实现了从站起来、富起来到强起来的历史性变革,坚定了中国特色社会主义道路,发展了中国特色社会主义理论,完善了中国特色社会主义制度,构建了中国特色社会主义文化,在实践中彰显自信。习近平新时代中国特色社会主义思想是以习近平同志为核心的党中央带领全国各族人民在谋求民族独立、人民解放和国家富强、人民幸福的斗争过程中形成的经验结晶;是马克思主义辩证唯物主义和历史唯物主义同中华传统优秀文化的创造性融合形成的智慧结晶。习近平新时代中国特色社会主义思想的形成是中国特色社会主义道路自信、理论自信、制度自信和文化自信的集中体现,是中国智慧和中国方案的理论凝练,是构筑中国精神、中国价值、中国力量的根本源泉。"我国国际影响力、感召力、塑造力进一步提高,为世界和平和发展作出新的重大贡献","我们比历史上任何时期都更接近、更有信心和能力实现中华民族伟大复兴的目标","始终做世界和平的建设者、全球发展的贡献者、国际秩序的维护者","我们有坚定的意志、充分的信心、足够的能力挫败任何形式的

'台独'分裂图谋","中国将继续发挥负责任大国作用,积极参与全球治理体系改革和建设,不断贡献中国智慧和力量",这些论断和陈述无不展现着中国的大国自信。

——发表于《大连日报》2018.07.15(06)

后 记

从读研究生期间在外兼职授课算起，我从事马克思主义理论课程教学工作已经 20 年了，在这 20 年的马克思主义理论教学研究过程，逐步成长为一个坚定的马克思主义信仰者。在本书立项之初，之所以选择从认知角度出发对马克思主义信仰进行研究，一方面是源于硕博期间的研究基础是西方科学哲学和现代认知科学，对当代认知科学研究的一些新进展和新理论有着浓厚的兴趣，可以说，"人类认识何以可能"这一问题是我选择和坚持学习哲学的动力之源。在硕士期间，集中思考了波普尔的科学知识增长理论，波普尔基于知识与思维和存在的不同，把人类知识看成是一种经过人类思考而形成的客观的存在，虽然形成过程中离不开认知主体，但是一旦形成就会具有相对独立性，而且具有自我发展的内在逻辑。这样的观点凸显了科学知识增长过程中认知主体的建构性，成为科学社会学，尤其是科学知识社会学这一研究方向形成的思想来源。

博士学习阶段，主要的关注点仍然是关于人类认识相关研究，最初是继续硕士阶段的研究主题，围绕科学知识社会学进行了思考，后来，随着国内认知科学研究的兴起和发展，关于人类认知的自然科学研究路径越来越超越定性研究，最终以"自然化认识论"为题完成了博士论文的撰写。分析了自然化认识论的兴起、发展和研究主题的转化等，着重分析了自然化认识论和传统认识论研究相比而言，形成的关于人类认识本质的新观点和新理论，以及自然化认识论所面临的困境，最后指出自然化认识论发展的契机在于重构认识论研究领域中的核心概念，即理性，从而实现自然和理性的统一。由此，硕博学习期间围绕人类认识形成的这些思考和研究成为本书的理论基础。

另一方面是基于自身学习工作经验的反思。读书期间的研究领域主要是外国哲学，对马克思主义哲学，或者说马克思主义理论没有深入的思考，甚至有些时候会对马克思主义理论的一些概念和观点产生一些机械的理解。毕业后进入马克思主义学院工作，相关课程的教学几乎成为工作的全部，而自己感兴趣的认知领域的学术研究几乎停滞。出于对教学工作的热爱和对学生负责的态度，我开始把研究的关注点转向马克思主义，不仅仅是学术研究领域，也包括对马克思主义理论教学相关问题的思考。其中，引起我思考最重要的问题就是马克思主义基本原理教学的目标是让学生树立坚定的马克思主义信仰，那怎么才算是达到教学目标，让学生都成为坚定的马克思主义信仰者，或者说怎样才算是树立了马克思主义信仰呢？自己算不算是一个坚定的马克思主义信仰者呢？简单说，这个问题就是怎样才算是一名坚定的马克思主义信仰者。这里就涉及如何理解马克思主义，什么是马克思主义，马克思主义信仰与马克思主义理论是怎样的关系，学习马克思主义和信仰马克思主义又有怎样的关系，马克思主义信仰需要怎样的实践路径才能树立等一系列问题，而这些问题也成为本书最初形成的思考之源。

基于硕博学习阶段对认知相关问题的研究基础，再结合具体现实，开始意识到知识和信仰二者之间必然存在某种关系，这种关系可以从一般理论层面上理解为"知"与"行"的关系，也可以理解为人类理性的不同状态或不同阶段，信仰作为人的一种知情意行相统一的精神状态必然是以人的认识为前提和基础的。这样就形成了本书最初的思路和观点，即从一般意义上，把马克思主义信仰的确立过程化为马克思主义由知识形态向信仰形态的转变,在转变过程中,作为信仰主体的人对马克思主义也产生了由知而信进而行的逐步形成信仰的过程。但随着研究的分析和思考,最终呈现出来的研究成果并非按照最初的思路和提纲展开的,而是形成了理论思考和经验反思两个方面关于马克思主义信仰养成的相关问题的分析。希望本书的研究能够充实当前关于马克思主义信仰的理论研究,拓展关于马克思主义信仰研究的视角。

研究思路的形成和展开是个体内在的过程,但研究成果却是在诸多良师益友帮助下形成的,借文字问世之际,一并表达真诚感激之情。